ZÉRO DÉCHET ON S'Y MET !

Pauline Imbault

ZÉRO DÉCHET ON S'Y MET !

100 objets zéro déchet
à avoir chez moi

hachette
NATURE

SOMMAIRE

INTRODUCTION

POURQUOI LES DÉCHETS POSENT-ILS PROBLÈME ?

NOUS PRODUISONS DES MONTAGNES DE DÉCHETS

Y a-t-il une journée sans que nous ne produisions de déchets ? Nous en générons dans notre salle de bains, au moment du petit-déjeuner, en prenant un café au distributeur, en sortant acheter un sandwich le midi, en acceptant un tract dans la rue, en passant faire des courses…

… IL TERMINENT PARFOIS DANS LA NATURE

Nous avons tous et toutes en tête les images d'océan recouvert de plastique, de tortue avec une paille dans le nez, de baleine dont l'estomac est rempli de sacs plastiques. Nous voyons des déchets sur le bord des autoroutes, nous remarquons des mégots par terre lors de nos balades en forêt, des papiers dans la rue… Mais le problème ne s'arrête pas là. Nous sommes devenus des machines à produire des déchets. À tel point que chaque Français produit chaque année 568 kg de déchets ménagers.

MÊME JETÉS DANS UNE POUBELLE, NOS DÉCHETS POLLUENT

Nous jetons nos déchets dans la poubelle et les évacuons très vite hors de chez nous. Les camions-bennes passent et le problème semble disparaître… Mais il n'en est rien : les ordures ménagères résiduelles (c'est-à-dire les déchets non triés) finissent en décharge ou en incinérateur.

En décharge, les déchets sont enfouis dans un grand trou de plusieurs hectares, creusé à même le sol, équipé de systèmes de drainages et de bâches censés d'éviter les fuites. Les décharges rejettent des effluents polluants appelés « lixiviats » issus de la lente décomposition des déchets.

L'incinération serait-elle mieux ? Pour 1 000 kg de déchets incinérés, 200 kg ressortent sous forme de mâchefers (des imbrûlés) qui peuvent servir de sous-couches routières ou stockés en décharge et 30 kg se transforment en résidus de fumées (REFIOM) qui sont traités comme des déchets dangereux et doivent être stockés dans des décharges spécifiques. Décharges et incinérateurs contribuent également au réchauffement climatique en relâchant des gaz à effet de serre dans l'atmosphère.

DEVONS-NOUS RECYCLER DAVANTAGE ?

Malheureusement, le recyclage n'est pas une solution miracle. Recycler nécessite du transport, de l'énergie, une industrie qui doit perpétuellement s'adapter aux nouveaux types d'objets et de matériaux mis sur le marché. Entre ce qui n'arrive même pas jusqu'en centre de tri, ce qui est difficilement recyclé, ce qui coûte trop cher à traiter ou ce qui ne trouve pas de débouché une fois la matière préparée pour le recyclage, nous sommes loin de la fameuse économie circulaire.

LE SAC À DOS ÉCOLOGIQUE

L'empreinte environnementale d'un déchet est bien plus importante qu'elle n'y paraît. Pour chaque objet, il faut extraire des matières premières, les transporter, les transformer, les emballer…
C'est ce que l'on appelle le « sac à dos écologique » d'un objet : son impact réel, en quelque sorte.

CHAQUE ÉTAPE DU PROCESSUS DE FABRICATION GÉNÈRE DES DÉCHETS ET DEMANDE DE L'ÉNERGIE.

Derrière une capsule de café, par exemple, se cachent de la bauxite qu'il a fallu extraire et transformer en aluminium, du plastique issu de ressources non renouvelables, du café de 12 pays différents, du transport, de l'énergie. Soit bien plus que les quelques grammes que nous jetons à la poubelle ! Ainsi, en réduisant nos déchets, nous avons un impact positif au-delà des 568 kg que nous produisons tous les ans.

NOUS AGISSONS SUR LA CHAÎNE DE PRODUCTION COMPLÈTE.

LE ZÉRO DÉCHET, QU'EST-CE QUE C'EST ?

UN MODE DE VIE

Le zéro déchet est une solution globale aux problèmes générés par les déchets ménagers. Il s'agit d'une façon de repenser son quotidien, dans son foyer et à l'extérieur.

LE ZÉRO DÉCHET CONSISTE À (RÉ)ALIGNER SES MODES DE CONSOMMATION, SES BESOINS ET SES VALEURS.

Généralement, ce mode de vie s'appuie sur la méthode des 5R : refuser (ce dont nous n'avons pas besoin), réduire (ce dont nous avons besoin), réutiliser (en remplaçant le jetable par du réutilisable), recycler (tout ce que nous n'avons pas pu refuser, réduire et réutiliser) et redonner à la terre (en compostant).

UN MODÈLE DE SOCIÉTÉ

Le zéro déchet peut se décliner aussi à l'échelle de la société ou – rêvons grand – à l'échelle d'un pays. Imaginez des magasins de vrac accessibles partout, tous les commerces qui acceptent les contenants personnels, la consigne généralisée, des restaurants et cantines sans gaspillage alimentaire, le tri des biodéchets généralisé, des entreprises engagées, le jetable (plastique ou non) interdit, la possibilité de trier partout dans l'espace public, des produits éco-conçus et facilement réparables...

IMAGINEZ UN MONDE OÙ LA NORME NE SERAIT PLUS DE JETER MAIS DE PRÉSERVER.

En France, certaines collectivités locales se sont engagées dans la réduction des déchets. Le Grand Besançon produit seulement 150 kg d'ordures ménagères résiduelles, c'est-à-dire non triées, par an et par habitant. Une petite vingtaine de collectivités produisent même moins de 100 kg de déchets/hab/an.

CERTAINES MARQUES PROGRESSENT VERS DES PRODUITS PLUS DURABLES ET PLUS FACILEMENT RÉPARABLES.

L'entrepreneuriat explose dans ce secteur (vrac, réemploi…).

LE ZÉRO DÉCHET N'EST-IL PAS TROP RADICAL ?

Le terme zéro déchet fait parfois peur et peut être perçu comme radical. Pourtant, il nous faut questionner la radicalité de la société actuelle, dont le fonctionnement est destructeur, même si nous avons du mal à nous en rendre compte car il nous semble être la norme.

TOUT NOUS POUSSE À GÉNÉRER DES CENTAINES DE KILOS DE DÉCHETS, À ACHETER DES OBJETS PRODUITS À L'AUTRE BOUT DU MONDE DANS DES CONDITIONS DÉLÉTÈRES, À CONTRIBUER AU GASPILLAGE ALIMENTAIRE EN JETANT DE LA NOURRITURE, À REMPLACER PLUTÔT QUE DE RÉPARER.

Mais est-ce parce que tout le monde le fait que cela devient plus tolérable ? Qu'est-ce qui est le plus radical : continuer sur notre lancée ou tenter de changer les choses ?

LE MODE DE VIE ZÉRO DÉCHET A POUR AMBITION DE REVENIR À UN ÉQUILIBRE DANS NOTRE SOCIÉTÉ DE CONSOMMATION ACTUELLE.

Un équilibre qui ferait coïncider valeurs, besoins et contraintes. Ainsi, il ne s'agit pas de dire non à tout mais de questionner nos modes de fonctionnement actuels pour les modifier et les adapter. Je vais peut-être me rendre compte qu'apposer un autocollant « stop pub » sur ma boîte aux lettres me permet d'éviter des dizaines de kilos de déchets sans rien enlever de mon confort quotidien ou découvrir le plaisir de faire mes courses chez mes commerçants de quartier plutôt qu'en hypermarché.

AU FINAL, GÉNÉRER MOINS DE DÉCHETS SIGNIFIE DÉPENSER MOINS ET AVOIR PLUS DE TEMPS POUR MOI.

LE ZÉRO DÉCHET EST-IL POSSIBLE ?

Le zéro déchet doit être compris comme un objectif, une ligne directrice qui se construit peu à peu. L'idée n'est pas de se focaliser sur le « zéro » et d'abandonner si je ne parviens pas à tout supprimer.

MÊME AVEC UN NIVEAU AVANCÉ, IL EST NORMAL DE GÉNÉRER QUELQUES DÉCHETS DE TEMPS EN TEMPS. CELA NE DOIT PAS NOUS EMPÊCHER DE NOUS LANCER.

Au départ, cela peut paraître compliqué, car nous avons l'impression qu'il faut repenser absolument tous les aspects de nos vies. Mais en progressant étape par étape, c'est tout à fait faisable. Certaines actions vont être plus faciles à mettre en place que d'autres, mais cela ne doit pas vous décourager. Au contraire ! Le zéro déchet transforme nos vies en terrains d'expérimentation enthousiasmants.

NOUS POUVONS ESSAYER, RATER, RECOMMENCER, REVENIR EN ARRIÈRE PUIS RETENTER POUR, ENFIN, TROUVER LA BONNE SOLUTION. L'ERREUR FAIT PARTIE DU PROCESSUS D'APPRENTISSAGE.

Y PRENDRE GOÛT

Vous découvrirez un champ des possibles et irez au-delà de la démarche zéro déchet. Peut-être déciderez vous de consommer plus local, de manger moins de viande, de supprimer des temps de télévision, de faire du tourisme de façon plus responsable…

PEUT-ÊTRE FINIREZ-VOUS MÊME PAR CHANGER DE TRAVAIL POUR LANCER VOTRE ACTIVITÉ DANS L'ÉCONOMIE CIRCULAIRE ?

Vous ne seriez pas la première ou le premier.

RESTER COHÉRENT

Ce n'est pas forcément parce que quelque chose est réutilisable ou dématérialisé qu'il est plus écolo. Un sac en toile est un sac en toile, pas vrai ? En réalité, les impacts seront différents si j'utilise ce sac tous les jours ou si je le stocke avec 20 autres au fond du placard de l'entrée, si ce sac a été fabriqué avec du coton non biologique à l'autre bout du monde ou s'il a été fabriqué en France avec du tissu réutilisé, si ce sac est acheté pour être réellement utile ou si je l'accepte en cadeau en me disant « ça peut toujours servir ». Le mode de vie zéro déchet a pour objectif de réduire nos impacts au quotidien. Il prend en compte les conséquences environnementales et sociales de nos choix. Mais il faut se poser les bonnes questions avant chaque achat ou action.

UNE DÉMARCHE COLLECTIVE

Bien sûr, pour que le zéro déchet se généralise à l'échelle d'une société, pour qu'il devienne accessible à tous et toutes, il est impératif que les entreprises et les politiques s'y mettent.

LES ENTREPRISES DOIVENT RÉDUIRE LEUR EMPREINTE ENVIRONNEMENTALE ET SOCIALE, PROPOSER DES PRODUITS ÉCO-CONÇUS, RÉDUIRE LES EMBALLAGES, METTRE EN PLACE DE NOUVEAUX MODES DE DISTRIBUTION, VOIRE DE RÉMUNÉRATION.

Les politiques doivent proposer des lois ambitieuses et se donner les moyens de leur mise en application. Les élu·es locaux doivent engager leurs territoires dans une démarche de réduction des déchets, diminuer le recours aux décharges et incinérateurs, adopter la tarification incitative (le fait que les habitants payent suivant la quantité de déchets qu'ils produisent), accompagner les initiatives locales d'économie circulaire… entre autres.

MODE D'EMPLOI DU LIVRE

Ce livre a été conçu comme un petit abécédaire, classé par ordre alphabétique. J'y liste 100 objets zéro déchet pouvant servir pour réduire ses déchets au quotidien.

À CHAQUE FOIS QUE VOUS SOUHAITEZ VOUS RENSEIGNER SUR UN OBJET ZÉRO DÉCHET DU QUOTIDIEN, RENDEZ-VOUS DIRECTEMENT À LA PAGE CONCERNÉE.

Vous y trouverez des informations sur les déchets qu'il permet d'éviter, une description de l'objet (ou comment s'en servir) et une astuce. Bien sûr, vous pourrez adapter les utilisations à votre mode de vie et, au bout d'un moment, vous pourrez vous-même trouver d'autres solutions zéro déchet !

GARDEZ À L'ESPRIT QU'IL EST TOUJOURS POSSIBLE DE SUBSTITUER DES OBJETS JETABLES PAR DES ÉQUIVALENTS DURABLES, IL SUFFIT DE TROUVER CELUI QUI VOUS CONVIENT.

Mais l'idée de ce livre est aussi de remettre en question le principe même de jetable au quotidien, ainsi, nous avons pris l'habitude d'utiliser des objets qui n'ont pas une grande valeur ajoutée et que nous pouvons simplement supprimer.

CE LIVRE N'EST QU'UN DÉBUT ! JE SOUHAITE QU'IL SOIT UN APERÇU DE CE QUI EST FAISABLE CHEZ SOI POUR ALLÉGER NOTRE IMPACT SUR LA PLANÈTE.

Ainsi, peut-être vous donnera-t-il envie d'en savoir plus sur d'autres sujets comme les low-tech, le minimalisme, la consommation locale, et tant d'autres.

DOIS-JE ACHETER LES 100 OBJETS ?

Bien sûr que non ! Ce livre n'est pas une liste de course.

IL N'EST PAS IMPÉRATIF D'AVOIR CES 100 OBJETS POUR SE METTRE AU ZÉRO DÉCHET.

Tout d'abord, parce qu'il existe plusieurs solutions zéro déchet pour un seul déchet. C'est à chacun·e de trouver celle qui lui convient. Ensuite, car dans une démarche zéro déchet, il existe beaucoup d'objets de notre quotidien que nous pouvons simplement supprimer au lieu de chercher désespérément à les substituer. Ainsi, ce livre ne présente pas forcément toutes les solutions zéro déchet. Il donne juste des pistes à explorer et il invite à interroger le besoin, au-delà des objets.

POUR TOUT CE QUI A UNE UTILISATION DE TRÈS COURTE DURÉE, JE DIS STOP IMMÉDIATEMENT ! JE FINIS CE QUE J'AI ET JE N'EN ACHÈTE PLUS À PARTIR DE MAINTENANT.

Pour tout ce qui a une utilisation plus longue mais qui reste jetable, il y a deux situations.

1/ JE ME DÉBARRASSE DE TOUT CE QUI EST AVÉRÉ MAUVAIS POUR LA SANTÉ. CE SONT GÉNÉRALEMENT LES PLASTIQUES.

Je jette ou je donne à une recyclerie créative qui va pouvoir offrir une seconde vie à ses objets (en les détournant, par exemple).

2/ POUR LE RESTE, J'ATTENDS QUE L'OBJET NE SOIT PLUS UTILISABLE POUR LE REMPLACER PAR UN AUTRE PLUS RESPECTUEUX DE MA DÉMARCHE ZÉRO DÉCHET.

Si je le trouve d'occasion, c'est encore mieux ! Et, surtout, je fais à mon rythme, dans la mesure du possible. Chaque geste compte !

C'EST PARTI !

COMMENT DÉMARRER MA DÉMARCHE ZÉRO DÉCHET ?

Il existe plusieurs méthodes pour se lancer. Béa Johnson, dans son livre *Zéro Déchet*, propose de s'appuyer sur les 5 R (refuser, réduire, réutiliser, recycler et redonner à la terre) et de procéder pièce par pièce. *La famille (presque) zéro déchet,* quant à elle, propose une *mindmap*, pièce par pièce, en découpant la démarche en grandes actions clés.

De mon côté, je vous propose de prêter attention à ce qui entre chez moi, ce qui est chez moi et ce qui sort de chez moi.

Étape 1 : je contrôle ce qui entre chez moi

• J'apprends à dire non

La toute première étape est de refuser ce dont je n'ai pas besoin. Parfois, sans même m'en rendre compte, j'accepte de produire des déchets : en saisissant machinalement un tract dans la rue, en acceptant un échantillon à la caisse d'un magasin, en prenant un stylo promotionnel lors d'un événement... Oui, un stylo est utile dans l'absolu, mais ai-je besoin d'en avoir un supplémentaire ? Généralement, si en acceptant un objet je me dis « ça peut toujours servir », c'est que je n'en ai pas besoin.

• Je refuse les emballages

Nous produisons beaucoup d'emballages (45 % du plastique produit sert pour faire des emballages). Pourtant, ce que nous consommons c'est le produit à l'intérieur de l'emballage, pas l'emballage lui-même. Pour y remédier, dès que possible, je passe au vrac. J'identifie les magasins de vrac autour de chez moi. S'il n'y en a pas à proximité, je vais faire mes courses dans les petits commerces. La plupart du temps, les produits dans les boulangeries, fromageries ou boucheries sont présentés sans emballages et emballés au moment de l'achat. Je viens donc avec mes propres contenants et je me fais servir dedans. Au marché aussi, je peux trouver plusieurs étals sur lesquels les produits sont proposés sans emballages.

• J'opte pour du durable

Pour supprimer le jetable de mon quotidien, il y a deux solutions (j'applique l'une ou l'autre, suivant mes besoins et contraintes).

Solution 1 : Se passer de l'objet. C'est plus facile qu'il n'y paraît ! Par exemple, je peux aisément me laver avec mes mains plutôt que d'utiliser une fleur de douche.

Solution 2 : Remplacer l'objet jetable par un objet réutilisable et durable. Je peux notamment remplacer les sacs de courses en plastique, ou en papier, par des sacs à vrac en tissu, ou encore les cotons-tiges par un oriculi.

• J'achète d'occasion

En achetant d'occasion, je trouve plus facilement les objets sans leurs emballages. Et cela permet d'alléger mon empreinte environnementale. Derrière chaque objet neuf se cache une montagne de ressources naturelles invisibles pour l'utilisateur final. C'est ce qu'on appelle le « sac à dos écologique ». Ainsi, une tablette électronique de seulement 800 g exige 338 kg de matières premières et un micro-ondes près de 2 tonnes !

• Je choisis l'utilisation plutôt que la possession

À la place d'acheter, j'emprunte ou je loue. Une perceuse n'est utilisée que quelques heures au total. Pourquoi ne pas emprunter celle des voisins lorsque je fais des travaux ? Je peux aller dans des bricothèques, ludothèques ou bibliothèques suivant mes besoins et emprunter outils, jeux ou livres.

L'étape « refuser » ne change à proprement parler rien à ma façon de vivre et de consommer. Simplement, à partir de maintenant je refuse ce qui ne m'est pas fondamentalement utile.

Étape 2 : je chouchoute les objets que j'ai chez moi

• Je fais le tri

Cela peut paraître paradoxal, mais pour bien entamer une démarche zéro déchet, le mieux est de commencer par un grand tri et ne garder que l'essentiel. Cela permet d'établir de meilleurs critères pour mes futurs achats. Si, en faisant le tri de ma garde-robe, je me rends compte que je ne porte jamais de bleu-marine, cela m'aidera à me raisonner pour mes prochains achats. En faisant le tri de manière posée, j'évite aussi de paniquer et de tout jeter lors d'un déménagement ou d'un changement de vie. Et surtout, les objets non utilisés au fond de mes placards et de mes tiroirs sont inexploités. En les mettant sur le marché de la seconde main, je permets à d'autres de les acheter d'occasion plutôt que neufs (et ainsi d'économiser de précieuses ressources).

Pour mener au mieux la phase de tri, je peux m'appuyer sur différentes méthodes. La méthode KonMari (de Marie Kondo) propose un rangement massif. Pour savoir si on garde un objet, Marie Kondo pose une seule question : « Cet objet m'apporte-t-il de la joie ? ». Je sors tout de mes placards, je rassemble les objets en un même endroit, puis je les prends un par un dans les mains pour décider si je les garde ou non. Je procède de la même façon pour les vêtements, les livres, les papiers et documents, les petits objets (appelés les « Komono ») et je termine par les souvenirs. Attention, dans ses livres, Marie Kondo parle souvent de « jeter », là où dans une démarche zéro déchet, je prends soin de donner une seconde vie aux objets.

Béa Johnson, dans son livre *Zéro Déchet*, propose une autre méthode basée sur une série de questions à se poser pour chaque objet. Par exemple : « Cela fonctionne-t-il encore ? Est-ce en bon état ? Ou est-ce réparable ? Est-ce que je l'utilise ou le mets régulièrement ? En ai-je plusieurs ? Cela met-il la santé de ma famille en danger ? Est-ce que je le garde par culpabilité parce que quelqu'un me l'a offert ? Est-ce que je le garde parce que la société me dit que j'en ai besoin ou parce que "tout le monde en a un" ? Est-ce réutilisable ? »

• J'entretiens mes objets

J'apprends quelques astuces pour prolonger la durée de vie de mes appareils électriques et électroniques : je retire les miettes de pain de mon grille-pain, je détartre ma bouilloire régulièrement, je dépoussière la grille d'aération de mon frigo... Quand un appareil tombe en panne, je regarde s'il est réparable avant d'en acheter un nouveau. Je peux aussi aller dans des *repair cafés* (des endroits où des bricoleurs m'aident à identifier et réparer les pannes de mes appareils). J'apprends les bases de la couture pour pouvoir prolonger la durée de vie de mes textiles : je reprise mes chaussettes, je recouds les boutons, je fixe des coudières. Je découvre l'*upcycling* pour transformer les objets qui ne sont plus utilisables tels quels. Un jean troué devient une pochette. Ma commode est cassée ? Je récupère un tiroir, le repeins et fixe 4 pieds en dessous et voilà une table de chevet !

• Je fais en sorte que mes objets soient utilisés le plus possible

Le but d'un objet, un fois qu'il est produit, est bien de servir le plus possible afin d'optimiser réellement son impact de production (et plus tard l'impact de sa fin de vie). Je peux mettre en commun mes affaires. Par exemple, je peux organiser des « livres parties » au bureau. Chacun·e apporte son livre préféré et le prête quelques semaines à un·e autre collègue. J'ai ainsi dans ma bibliothèque des livres qui ont été lus de nombreuses fois (et je n'ai pas besoin de racheter à chaque fois que je veux lire un nouveau livre !). J'appose sur ma boîte aux lettres une fiche avec les objets que je veux bien prêter à mes voisins (un appareil à raclette, des jeux, des livres ou encore du matériel de bricolage ou de jardinage).

Étape 3 : je gère au mieux ce qui sort de chez moi

• Je donne une seconde vie à mes objets

Lorsque j'entame une démarche zéro déchet, notamment lors de la phase de tri, je mets beaucoup d'objets de côté pour m'en débarrasser. Une fois le tri terminé, j'ai souvent envie de tout jeter et il peut être frustrant de devoir prendre le temps de trouver la bonne façon de donner ou revendre l'objet. Dans une optique d'optimisation de l'utilisation des ressources, c'est pourtant nécessaire. Ainsi, à chaque fois que je ne veux plus d'un objet, d'un vêtement ou d'un appareil, je demande autour de moi s'il intéresse quelqu'un ou je le mets en vente sur un site de seconde main, ou encore je le donne à une ressourcerie ou un Emmaüs près de chez moi.

• Je jette au bon endroit

Pour les déchets du quotidien, j'apprends à recycler. J'identifie clairement les règles de tri qui s'appliquent dans ma commune. Pour cela, je peux aller sur le site du syndicat de traitement dont je dépends. Je peux éventuellement demander plus d'informations auprès de ma mairie. J'identifie également les points d'apport volontaire autour de chez moi pour les déchets recyclables qui ne vont pas à la poubelle jaune : borne à textiles, points pour rapporter piles et ampoules…
Si un objet me pose problème et je ne sais jamais où je dois le jeter, je peux aussi me demander comment m'en passer la prochaine fois. Recycler c'est bien, mais ne pas du tout produire le déchet est évidemment la solution la plus écologique !

• Je composte

Bien sûr, je valorise les déchets organiques (les épluchures, les restes de repas, le marc de café, éventuellement les feuilles mortes...). Ces biodéchets constituent un tiers de nos poubelles d'ordures ménagères résiduelles (la poubelle « sale ») alors qu'ils pourraient être compostés !

Le droit européen prévoit qu'une solution de tri à la source des biodéchets devra être proposée à chaque citoyen·ne d'ici 2023. Cela signifie que je pourrais éventuellement avoir une poubelle de tri des biodéchets (sur le même principe que la poubelle jaune). Je pourrais ainsi trier chez moi. En attendant, je peux déjà composter.

Si j'ai un jardin, j'y installe un composteur. J'y mets mes restes alimentaires (y compris viandes et poissons), mes déchets verts, des fleurs fanées, du pain rassis, des coquilles d'œufs. Au final, je crée un compost de super qualité, que je peux utiliser dans mon jardin. Pour me lancer, je trouve plein d'informations en ligne (ou j'ai peut-être un voisin ou une voisine qui fait déjà son compost et qui peut m'aider !).

Si je n'ai pas de jardin, je peux quand même composter grâce au lombricomposteur. Il s'agit d'une boîte dans laquelle on recrée un petit écosystème (avec des lombrics) capable de transformer nos biodéchets en compost. Je peux y mettre mes épluchures, du marc de café, des coquilles d'œufs, des petits bouts de cartons (mais je ne peux pas mettre de viande ou de poisson).

• Je fais le bilan

Une fois que j'ai mis toutes ces actions en place (à mon rythme !), je peux faire un premier bilan. Pour cela, il suffit que je regarde ce qui reste dans ma poubelle et ce que je continue de faire sortir de chez moi (en le donnant ou le vendant). Ce sont les axes d'amélioration futurs :)

La démarche zéro déchet peut paraître très ambitieuse au premier abord. Mais, au final, seul le premier pas est difficile. Une fois commencée, elle devient un jeu, une expérience. Alors lancez-vous, trompez-vous mais, surtout, testez vraiment ! Vous pensez que ce n'est pas possible de vivre sans une chose ? Essayez pour voir !

Agrafeuse sans agrafes

La plupart du temps, les agrafes sont jetées avec les papiers, complexifiant le recyclage de ces derniers. De plus, extraire les métaux nécessaires à la création des agrafes requiert de l'énergie, impacte l'environnement et se fait souvent dans des conditions sociales peu acceptables. Le tout semble disproportionné face à l'usage que nous faisons de ces matériaux.

J'investis dans une agrafeuse sans agrafes. Lorsque l'on appuie dessus, cette agrafeuse créée une entaille dans le papier, ainsi qu'une petite languette qui s'y glisse. Je peux ainsi agrafer 5 à 20 feuilles ensemble, suivant l'agrafeuse choisie.

LE PETIT +

Je peux aussi utiliser des trombones. Le tout est d'essayer de ne pas les perdre. Pourquoi ne pas mettre une boîte sur mon bureau pour récupérer les attaches de mes collègues et éviter d'en racheter tous les mois ?

Application de seconde main

Derrière chaque objet neuf, se cache une montagne de matières premières extraites et transformées. À cela, il faut ajouter l'énergie nécessaire pour le produire, le transporter et le distribuer. Nous ne le soupçonnons pas mais un manteau neuf équivaut à 110 kg de matières premières et un micro-ondes à plus de 2 tonnes !

À chaque fois que j'ai besoin d'acheter un objet, je regarde d'abord s'il est disponible d'occasion. Pour m'aider, je télécharge une application mobile de seconde main (GEEV, Leboncoin, Vinted...). Car, comme le dit si bien le site du défi Rien de Neuf, « des millions d'objets sont déjà en circulation : et si on les utilisait en priorité, plutôt que d'acheter des objets neufs ? »

LE PETIT +

Je peux aussi me renseigner sur les solutions près de chez moi. Sur le site www.riendeneuf.org, je trouve une liste détaillée de solutions nationales, régionales ou locales pour réduire mes achats d'objets neufs.

Bac à glaçons en inox

Notre société du tout jetable a réussi à nous faire remplacer des bacs à glaçons réutilisables parfaitement fonctionnels par des sacs à glaçons à usage unique ! Ce n'est pas le seul objet durable qui est devenu jetable et c'est cette logique qui fait que la production de plastique mondiale a été multipliée par 20 ces 50 dernières années.

Je choisis un bac à glaçons en inox (et non en aluminium, matériau pour lequel il faut éviter le contact avec la nourriture) avec une poignée au milieu qui sert à faire levier pour démouler facilement les glaçons. Je peux aussi l'utiliser pour congeler les soupes de bébé ou mes différentes préparations culinaires (cubes aux herbes, sauces...).

LE PETIT +

L'objet neuf demande un petit investissement, mais je peux aussi le trouver d'occasion sur des sites de seconde main, comme Label Emmaüs, par exemple, qui vend de l'occasion vintage en ligne (www.label-emmaus.co).

Baguettes réutilisables

Dans son rapport de 2018, « Arrêtons de scier la branche », l'ONG WWF déplore l'empreinte de la France en termes de déforestation dans le monde. « Un impératif s'impose : consommer moins et consommer mieux, afin de réduire les risques de déforestation ». De fait, il est nécessaire de réduire drastiquement notre recours au bois jetable.

Je refuse les baguettes à usage unique dans les restaurants ou quand je me fais livrer, et je me procure une paire de baguettes réutilisables. Si je n'ai pas envie d'investir, je peux aussi faire une croix sur les baguettes et retourner à la fourchette :)

LE PETIT +

Si je suis un·e grand·e adepte des baguettes, il existe des versions rétractables pour les emporter partout. Plus facile de refuser celles des restaurants si je suis déjà équipé·e.

Balles de lavage

Nous rejetons aujourd'hui de nombreux produits
dans nos réseaux d'assainissement via les eaux usées
de nos machines à laver ou de nos éviers....
Après le traitement en station d'épuration, l'eau est rejetée
dans la nature parfois encore chargée de divers polluants.

Pour me passer d'assouplissant lorsque je lance une lessive, j'utilise une demi-douzaine de balles de lavage. Elles font de 4 à 5 cm de diamètre, et permettent de battre le linge et de le détasser. Mon linge sort de la machine plus souple et donc plus facile à repasser, sans ajout de produit. Elles ont une durée de vie de plusieurs années.

LE PETIT +

L'action mécanique des balles fait que je peux laver
mon linge à une température plus basse en gardant
la même efficacité. Je fais donc des économies d'énergie.

Bento ou lunch box

Pourquoi dans certains restaurants, les repas pris sur place sont servis dans les mêmes emballages jetables que les plats à emporter ? Dans la plus grande chaîne de fast-food en France, par exemple, 50 % des repas sont pris sur place. En supprimant le jetable en salle, plus de 50 tonnes de déchets pourraient être évitées chaque jour sur l'ensemble de ses restaurants français.

Adieu les fast-foods et les plats à emporter, bonjour le fait-maison ! Pour ma pause déjeuner, j'opte pour une boîte bento ou une lunch box et je prépare mes repas à l'avance. Je privilégie le verre, car c'est un matériau inerte, ou l'inox si je cherche une boîte plus légère.

LE PETIT +

Si je n'ai pas le temps de cuisiner le soir pour le lendemain, je peux aller dans les restaurants où je prends à emporter à l'heure du déjeuner et leur demander de remplir mes propres contenants. Je peux utiliser le guide *Mon commerçant zéro déchet* de Zero Waste France pour m'aider. Je ferais peut-être des émules auprès de mes collègues !

Beurre de cacao

Alors que nous achetons des crèmes pour prendre soin de nous, les produits qui les composent peuvent s'avérer nocifs pour notre santé, notamment les parabènes qui permettent leur conservation. Il existe des produits plus sains. C'est le cas du beurre de cacao.

Présenté sous la forme d'un petit bloc, le beurre de cacao remplace parfaitement ma crème hydratante. Je le chauffe un peu en le frottant entre mes mains et il se transforme en huile que je peux facilement étaler. Je l'utilise pour le corps, comme pour le visage. Je peux même en faire de l'huile de massage.

LE PETIT +

Comme tous les cosmétiques solides, mon beurre de cacao prend très peu de place et peut s'emporter facilement en voyage.

Bicarbonate de soude

Produits anticalcaires, lessives chimiques, désodorisants et produits d'entretien peuvent aisément être remplacés par du bicarbonate. Contrairement aux produits d'entretien conventionnels, le bicarbonate de marques engagées n'est pas toxique pour l'homme et pour l'environnement.

Je choisis le bicarbonate pour ses multiples applications : agent nettoyant, adoucissant, abrasif, régulateur de pH, désodorisant, anticalcaire... Pour nettoyer mes surfaces (évier, four, plan de travail), je les saupoudre de bicarbonate, je frotte avec une éponge et je rince. Je peux aussi l'utiliser comme base de nombreuses recettes de produits maison.

LE PETIT +

Il existe du bicarbonate technique, alimentaire et cosmétique. Si j'ai déjà du bicarbonate alimentaire (qui remplace aisément la levure), je peux l'utiliser pour le ménage ou mes cosmétiques maison sans souci. Attention, l'inverse n'est pas possible.

Blaireau

Les bombes de mousse à raser sont constituées de plusieurs matériaux (aluminium, plastique...) collés les uns aux autres, les rendant difficiles à recycler. Pour être dense, la mousse est propulsée grâce à du butane et du propane, deux GPL (Gaz de Pétrole Liquéfié). Il s'agit donc d'un usage peu pertinent de ressources fossiles dont la fabrication et le stockage font intervenir toute une industrie en amont.

Je me procure un blaireau et un savon de rasage. J'humidifie mon blaireau pour faire mousser mon savon. La mousse est aussi dense et facile à étaler sur la peau que celle qui vient de la bombe. En plus, le blaireau aide à décoller les poils de la peau et les ramollit, ce qui facilite le rasage et le rend plus doux.

LE PETIT +

Je peux récupérer le vieux blaireau de mon grand-père ou en acheter un qui servira ensuite à mes enfants ;)

Bocaux

Les emballages représentent 1/3 de nos poubelles. Soyons clairs, cela signifie qu'une bonne part de nos déchets servent seulement à conditionner (pour un temps plus ou moins court) ce que nous consommons *in fine* et ne sont pas des produits « utiles ». Il est temps de réduire nos emballages

Au marché, chez le fromager ou le boucher (ou même chez mon chocolatier préféré), j'apporte mes bocaux (en verre de préférence). Les artisans ont tous une balance, qui, si elle est aux normes, peut faire la tare. Ils pourront donc déduire le poids de mon bocal et pouvoir peser mon fromage à raclette sans problème !

LE PETIT +

Chez moi, je conserve fromages, viandes, féculents, noix et épices dans des boîtes en verre. Pour les thés et tisanes, je privilégie l'inox. Toutes ces boîtes se trouvent très facilement d'occasion, dans les boutiques du réseau Emmaüs, par exemple.

Boîte de conservation en verre

Nous accumulons tous dans nos placards des boîtes de conservation en plastique. Pourtant, en laissant un peu trop longtemps dedans un aliment, le plastique prend la couleur de ce dernier, prouvant que ce matériau est poreux… dans un sens comme dans l'autre.

Pour éviter tout risque de migration du plastique ou de ses composés dans ce que je mange, je dis adieu aux boîtes en plastique et les remplace par des boîtes en verre. En général, le couvercle reste en plastique, mais comme il entre peu en contact avec la nourriture, cela pose moins de soucis.

LE PETIT +

Mes boîtes en verre peuvent aller au four comme au congélateur. Je peux donc aussi les utiliser pour remplacer des plats à gratin (ou autre) et avoir des produits 2 en 1. Un gain de place dans la cuisine !

Boîte à goûter

Qu'avons-nous là ? Des tartelettes installées confortablement dans un support en plastique, un sachet fraîcheur en plastique par tartelette, le tout glissé dans une boîte en carton. Et comme il y a une promotion, deux boîtes de gâteaux sont mises sous blister ensemble avec un grand autocollant rouge et jaune clamant « 2 pour le prix d'1 ». Docteur, nous sommes tombés sur un cas avéré de suremballage ! Et il semble que l'épidémie se propage…

Pour transporter mon goûter partout, que je sois un petit ou un grand enfant, j'utilise une petite boîte en métal. Et je la remplis de délicieux gâteaux faits maison (ou achetés en vrac !).

LE PETIT +

Je peux aussi trouver des pochettes à goûter en tissu mais la boîte a l'avantage d'être rigide : je ne risque pas de me retrouver avec des gâteaux en miettes au fond de mon sac ou de mon cartable.

Boule à thé

Nous trouvons sur le marché des sachets de thé en plastique de type PET (polytéréphtalate d'éthylène) ou en nylon. Petit souci, après 5 min d'infusion dans une eau à 95 °C, on retrouve ces composants dans notre tasse (11 milliards de microplastiques et trois milliards de nanoplastiques !) Mieux vaut une solution zéro déchet et zéro plastique.

J'achète mon thé en vrac et je le fais infuser dans une boule à thé ou une pince à thé en inox. Je peux le faire directement dans mon mug et je n'ai donc pas besoin de préparer des théières entières si je suis au bureau ou si je suis à la/le seul·e à boire du thé à la maison.

LE PETIT +

Je trouve facilement une boule à thé d'occasion en ressourcerie ou magasin de seconde main près de chez moi. Ces boutiques regorgent souvent d'ustensiles de cuisine.

Bouteille isotherme

Prendre un café à emporter nous semble anodin ? Pourtant, le gobelet en carton filmé de plastique, le couvercle, la touillette, le sachet de sucre auront produit 4 déchets. Plus inquiétant, les grosses chaînes réussissent à imposer le jetable au reste du secteur, même pour la vente sur place. Devons-nous accepter cette logique du tout jetable ?

J'emporte mon café ou mon thé dans ma bouteille ou théière isotherme, ou je me fais servir directement dedans au café du coin. Petit plus, ma boisson reste chaude plus longtemps et le transport en est facilité car la bouteille hermétique peut être glissée dans mon sac.

LE PETIT +

Je peux facilement trouver une bouteille isotherme d'occasion. Si jamais elle est un peu vieille, je change le joint pour lui donner une nouvelle jeunesse. Et en plus, elle me sert aussi pour garder l'eau au frais l'été.

Brosse à dents

Quel est l'intérêt de changer complètement sa brosse à dents alors qu'il faudrait ne remplacer que la tête ? Sans nous poser de question, nous rachetons l'objet complet, souvent emballé dans un carton recouvert de plastique et fourni avec un petit capuchon en plastique pour le transport alors que nous l'avons sûrement déjà.

Je choisis une brosse à dents en bois. Il existe maintenant des modèles fabriqués en France, alors que 95 % des brosses à dents achetées sont importées ! Généralement, les poils sont en nylon (l'alternative en poils d'animaux est rarement utilisée). Je pense donc à les couper avant de composter le manche.

LE PETIT +

Si je n'aime pas la sensation du bois dans ma bouche, j'opte pour une brosse à dents en plastique dont seule la tête peut être remplacée !

Brosse à légumes

Jeter des épluchures, quel est le problème me direz-vous ? C'est qu'aujourd'hui elles ne sont, la plupart du temps, pas triées et donc envoyées en décharge ou en incinérateur. L'objectif est de réduire notre production de biodéchets en évitant d'éplucher les légumes et en les brossant à la place.

L'outil parfait ? La brosse à légumes. Je frotte simplement les légumes avec, sous l'eau du robinet, au lieu de les éplucher. La plupart des légumes (à part quelques courges) se consomment très bien avec la peau. Bien sûr, je choisis des fruits et légumes bio afin de limiter ma consommation de pesticides.

LE PETIT +

Je choisis une brosse en bois et fibres naturelles pour pouvoir la composter ensuite.

Brosse à vaisselle

Les éponges, souvent en mousse de polyester (issu de la pétrochimie), ont une durée de vie limitée. Il n'existe pas de filière de valorisation une fois qu'elles ne servent plus. C'est donc un produit à durée déterminée qui sera brûlé ou enfoui en fin d'utilisation.

Beaucoup plus répandue dans les pays anglo-saxons, la brosse à vaisselle mériterait aussi une place dans nos maisons françaises. Il s'agit tout simplement d'un manche avec une brosse au bout. Cela ne change pas grand-chose à ma façon de faire la vaisselle, je peux donc facilement l'adopter.

LE PETIT +

Je choisis une brosse avec un manche en bois et une tête remplaçable et compostable. Quand les poils de la tête sont fatigués, je la change et je garde le manche que je composterai quand je ne pourrais plus l'utiliser.

Brosse à vêtements

Les brosses à vêtements adhésives génèrent (au moins) un déchet à chaque utilisation : la bande autocollante. Aussi, le mélange de plastique et de colle en fait un objet non recyclable. Ainsi, il finira en décharge ou à l'incinérateur.

Je choisis une brosse type velours (souvent rouge). Ces brosses ramassent les poils d'animaux, les poussières ou petites peluches. Lorsque les résidus se sont accumulés, je passe ma main dans l'autre sens du velours pour tout retirer. Pas besoin de recharge et, si je choisis une brosse de bonne qualité, je peux la garder longtemps.

LE PETIT +

Je peux aussi retrouver une vieille brosse (oubliée) avec des poils en soie dans mes placards. Ou je peux demander à mes grands-parents, ou oncles et tantes, s'ils n'ont pas gardé des brosses à vêtements qu'ils n'utilisent plus.

Cafetière à piston

Les capsules de café dont nous raffolons sont faites en aluminium, matière dont l'extraction et la production sont très impactantes pour l'environnement. Dans le sud de la France, à Gardanne, 30 millions de tonnes de boues rouges (contenant des métaux lourds) issues de la production d'alumine ont été rejetées en mer dans le Parc national des Calanques depuis 1967. Le café oui, la dosette non.

Pour faire du café aussi rapidement qu'avec une machine à capsules, j'opte pour une cafetière à piston. Quelques cuillères de café moulu, de l'eau chaude, je mélange et j'appuie sur le piston pour filtrer. Je n'ai plus qu'à verser dans ma tasse préférée.

LE PETIT +

Je peux facilement trouver ma cafetière d'occasion, sur des sites comme www.luckyfind.fr.

Calendrier des légumes de saison

Nous nous sommes habitués à ce que les supermarchés proposent des tomates et courgettes toute l'année, appuyant la demande pour des légumes importés de l'autre bout du monde et/ou des produits cultivés hors sol dans des serres surchauffées.

Je fabrique mon calendrier des légumes de saison. Je peux m'inspirer du blog *J'alimente* de Marion. Elle travaille avec un·e artiste différent·e chaque mois pour créer un nouveau visuel. C'est pratique et très joli :) Pour être assuré·e d'avoir des fruits et légumes de saison, je peux aussi m'inscrire à une AMAP ou acheter directement aux paysan·nes.

LE PETIT +

Suivre davantage les fruits et légumes de saison me permet de découvrir et redécouvrir certaines saveurs, comme les panais (délicieux en lasagnes !) et de manger plus local.

Capsule rechargeable

Dissimulés sous une élégante apparence se cache
de la bauxite qu'il a fallu extraire et transformer pour produire
de l'aluminium, un film plastique avec ses additifs dont
on ne connaît pas les répercussions sur la santé et du café
issu de 12 pays différents. Le tout pour créer un déchet
extrêmement complexe à recycler (et qui l'est donc rarement).
Bilan : un mini-déchet pour un maxi-impact !

J'opte pour une capsule de café rechargeable. Je la remplis avec du café moulu et tasse pour éviter les poches d'air. Je l'insère ensuite dans la machine de la même manière qu'une capsule jetable. Ensuite, je la lave et la fais sécher pour pouvoir la réutiliser. Si elle est de bonne qualité, elle peut me servir plusieurs années.

LE PETIT +

Même avec cette solution, le risque de repasser
aux capsules jetables est fort. Aussi, si je dois changer
de cafetière, j'opte pour une cafetière vraiment zéro
déchet (cafetière à piston, cafetière filtre ou encore
une cafetière percolateur).

Carafe

Selon une étude commandée par l'association WWF, nous ingérons en moyenne 5 g de microplastique par semaine. Soit l'équivalent d'une carte de crédit ! Et la toute première source (sans mauvais jeu de mots) est l'eau en bouteille.

Je dis adieu aux packs d'eau (pour le plus grand plaisir de mon dos) et je m'équipe d'une carafe (en verre) pour me mettre à l'eau du robinet. L'eau du robinet est bonne pour tout le monde, y compris les bébés et les enfants. Si je ne suis pas habitué·e au goût, je peux la laisser reposer une demi-heure ou la filtrer (avec un charbon, par exemple, voir plus loin).

LE PETIT +

Pas besoin de gros investissement, je peux simplement récupérer une jolie bouteille de limonade. Et, superbonus, l'eau du robinet est 300 fois moins chère que l'eau en bouteille.

Carnet de récup'

Combien de pages imprimons-nous pour une utilisation courte, parfois de quelques secondes ? Combien de carnets à moitié entamés avons-nous au bureau ou à la maison ? Combien de cahiers achetés pour l'école sont jetés chaque année presque vierges ? En France, en 2017, nous avons consommé plus de 3 millions de tonnes de papier graphique (papier pour écrire, dessiner ou imprimer).

Je crée mes propres carnets de récup'. Au bureau, je récupère les feuilles imprimées seulement sur le recto, je les coupe en deux à l'aide d'un massicot ou d'un ciseau et je les relie entre elles grâce à une perforeuse relieuse, ou même avec de la ficelle.

LE PETIT +

Je peux faire des ateliers création de carnet entre collègues pour créer une activité en commun et sensibiliser en même temps.

Cosmétique consigné

L'industrie de l'emballage et du packaging s'appuie majoritairement sur le plastique : 45 % du plastique produit pour le marché français sert à créer des emballages ! Pourtant, le système de consigne, plus souvent utilisé pour les boissons, fonctionne aussi pour les cosmétiques.

J'achète mes cosmétiques, comme un gommage fluide, dans un flacon en verre, de la marque Cozie, par exemple. Je paie le produit et laisse une consigne pour le flacon. Quand le produit est terminé, je rapporte l'ancien flacon dans n'importe quel point de vente Cozie. Il sera renvoyé au producteur, nettoyé et rempli à nouveau. Pour moi, cela ne change rien mais pour la planète, ça fait toute la différence.

LE PETIT +

Je peux aussi faire mon gommage moi-même avec du marc de café et un peu d'huile végétale. En plus, cela entretien les canalisations. Facile et pratique !

Crayon de papier

Un stylo ? Insignifiant, vous dites-vous ! Et pourtant, comme tout objet, sa fabrication nécessite des ressources : pointe en laiton, bille en carbure de tungstène, cartouche en polypropylène, corps en polystèrene, capuchon en plastique et encre. Et il se vend plusieurs millions de stylos chaque jour dans le monde !

Je refuse systématiquement les stylos promotionnels. Et, surtout, si j'ai besoin d'acheter de quoi écrire, je me tourne plutôt vers le crayon de papier. La création de ce dernier nécessite moins de matériaux issus de ressources peu ou pas renouvelables.

LE PETIT +

Pas besoin de chercher très loin, il y a assez de stylos et de crayons en circulation autour de moi. Je peux facilement mettre en place une boîte à dons dans mon immeuble ou mon bureau pour les mutualiser et les redistribuer selon les besoins de chacun.

Cendrier de poche

Alors qu'il ne nous viendrait pas à l'idée de jeter un papier par terre, nous avons tendance à jeter nos mégots directement dans le caniveau. Pourtant, un seul d'entre eux peut polluer jusqu'à 500 litres d'eau.

La solution ultime est bien sûr d'arrêter de fumer, mais ce n'est pas peut-être pas si facile ! Dans tous les cas, j'arrête dès aujourd'hui de jeter mes mégots dans la rue. J'emporte toujours avec moi un petit cendrier de poche. Il me permet de stocker mes mégots de façon hermétique en attendant de trouver une poubelle où les jeter.

LE PETIT +

Je peux fabriquer mon propre cendrier en récupérant une petite boîte en métal type Cachou. C'est pratique et récup' !

Charbon filtrant

Nous avons tendance à nous méfier de l'eau du robinet (peut-être à cause des publicités que nous voyons !). Pourtant, c'est un produit alimentaire hautement contrôlé. Eau de Paris l'affirme, « elle ne présente aucun risque pour la santé d'une personne qui en consommerait toute sa vie ». Et c'est valable partout en France.

Si je souhaite filtrer mon eau en mode zéro déchet, j'opte pour le charbon actif. Avant la première utilisation, je le fais bouillir. Je le laisse minimum 1 h dans l'eau (8 h pour une efficacité optimale). Au bout de 6 mois, je change de charbon.

LE PETIT +

Pour supprimer l'odeur du chlore que l'eau du robinet a parfois, je peux aussi simplement la faire couler un peu au robinet avant de la mettre en carafe et de la laisser reposer 1 h.

Chiffon ou torchon

Les lingettes de ménage, tout comme celles pour bébé, exigent de nombreuses ressources pour être fabriquées et elles sont composées de matériaux disparates, comme du polyester, une matière quasiment impossible à recycler. Cerise sur le gâteau, elles sont également imprégnées de produits diversement toxiques.

Je supprime les lingettes de ménage et les remplace par des chiffons. Je peux créer mon distributeur de lingettes maison en découpant des carrés de tissu de 20 à 25 cm de côté. Je les pré-imbibe avec de l'eau et du vinaigre avant de les mettre dans un bocal à disposition pour les utiliser comme mes anciennes lingettes jetables.

LE PETIT +

Je peux faire mes lingettes maison avec de vieux t-shirts ou de vieux draps. C'est une solution beaucoup plus économique que les lingettes jetables.

Composteur

Les biodéchets représentent un tiers du poids de nos poubelles. D'après la réglementation européenne, en décembre 2023, les collectivités devront avoir fini de déployer leur tri à la source. Les particuliers pourront les trier comme ils trient aujourd'hui les emballages. En attendant, ces déchets sont mélangés aux autres et finissent souvent en décharge ou en incinérateur. Pourtant, quoi de plus logique que de les rendre à la terre ?

Si j'ai un accès à la terre, même petit, je peux installer chez moi un bac de composteur. Le bac possède 4 pans et un couvercle pour protéger le contenu de la pluie. Il n'a pas de fond pour permettre à la faune du sol de circuler. Je peux y mettre tous mes biodéchets (végétaux et animaux) mélangés à des matières sèches comme des feuilles.

LE PETIT +

Si un bout de terrain est disponible dans ma copropriété, je peux monter un projet de composteur partagé avec mes voisins. Si un jardin partagé près de chez moi a déjà un composteur, je peux participer et y apporter mes déchets.

Coton lavable

La culture du coton est très gourmande en eau (c'est le 3e consommateur d'eau d'irrigation de la planète) et en pesticides. En Asie centrale, la mer d'Aral a quasiment disparu, asséchée du fait de la surconsommation d'eau dans les fleuves en amont pour la culture du coton. Les poissons, quant à eux, ont presque tous été tués par la quantité de pesticides qui y a été rejetée.

Il ne s'agit pas de bannir le coton de notre vie mais de supprimer le coton jetable. J'investis dans des carrés ou disques de coton lavables et je les choisis bio pour réduire le recours aux pesticides. S'ils sont tachés (de maquillage, par exemple) je les fais tremper avant de les passer à la machine. Un kit dure plus de 5 ans.

LE PETIT +

Pour le démaquillage, il existe même des cotons qu'il suffit de mouiller avant de les passer sur le visage, sans y mettre de produit. Je dis adieu aux cotons jetables emballés dans du plastique et aux bouteilles de démaquillants. 2 en 1 !

Couche lavable

Début 2019, l'Anses a publié un rapport concluant « qu'un risque sanitaire associé à la présence de certaines substances chimiques dans les couches pour bébés ne peut être exclu ». Les contrôles à venir devraient permettre de s'assurer de l'effectivité (ou non !) des mesures prises par les industriels.

Pour éviter cela, je passe aux couches lavables, de préférence certifiées (je me fie aux labels). Une couche lavable est constituée d'un voile de protection (que l'on jette avec les selles), d'un tissu absorbant lavable et d'une culotte imperméable. Pas de problème d'hygiène puisque je change le voile et que je lave la couche ou l'absorbant à chaque utilisation.

LE PETIT +

Si j'ai peur de me lancer, je peux passer par un service de location ou location-lavage (comme Ma Petite Couche) pour découvrir le système.

Coussinets d'allaitement

Les coussinets d'allaitement, qu'ils soient lavables ou jetables, ont exactement la même fonction et la même utilisation. Le coût *in fine* est aussi assez similaire. Dans ce cas, quel est l'intérêt d'opter pour la version jetable, puisqu'elle pollue ?

Je choisis mes coussinets lavables en coton ou en bambou et j'évite le plastique ou les matières issues de la pétrochimie pour la partie en contact avec ma peau. Je les lave facilement à 40 °C dans un filet de lavage. Les coussinets lavables ont l'avantage d'être plus doux (ce qui n'est pas négligeable).

LE PETIT +

Je peux aussi utiliser des coquillages d'allaitement, si je préfère. Tout comme les coussinets, ils évitent le frottement contre les vêtements et recueillent les petites pertes de lait.

Coupe menstruelle

Dans son article « Précarité menstruelle : combien coûtent les règles dans la vie d'une femme ? », le journal *Le Monde* propose une calculatrice pour estimer ses dépenses liées aux règles. Pour le journal, « elles peuvent représenter jusqu'à 5 % du budget d'une femme » en un mois.

La coupe menstruelle est la solution de protection menstruelle la plus économique. Il s'agit d'un petit récipient souple en forme d'entonnoir (souvent en silicone médical) qui se place directement dans le vagin pour recueillir le sang. Pas de panique, il est normal d'avoir besoin d'un peu de temps pour apprendre à l'utiliser. Avant la première utilisation et entre deux périodes de règles, je la stérilise à l'eau bouillante.

LE PETIT +

Je trouve en ligne des questionnaires pour identifier celle qui me convient (sur coupemenstruelle.net).

Culotte menstruelle

De nombreuses marques sont peu transparentes sur la composition des protections périodiques jetables et leurs effets sur la santé. Pour éviter les substances toxiques et les déchets, il est possible d'opter pour les culottes menstruelles.

La culotte menstruelle a un extérieur imperméable, un tissu absorbant au milieu et un tissu en coton (de préférence bio) en contact avec la peau. Elle est super fine et s'enfile comme une culotte standard, tout en me garantissant 12 h de protection. J'en trouve de différentes tailles, formes ou couleurs.

LE PETIT +

L'investissement de base est important (entre 15 et 35 € la culotte), mais j'y gagne sur le long terme. Et, nouveauté, on trouve maintenant des maillots de bain de règles.

Cure-dent en inox

Nous nous entourons de petits objets jetables, qui n'ont pas une grande utilité, ou sont peu fréquemment utilisés. Combien de fois utilisons-nous un cure-dent pour nous curer les dents ? Au mieux, les cure-dents servent à piquer quelques olives lors d'un apéro, trois fois par an. Pourquoi continuer de soutenir le système du jetable avec ce genre d'objets ?

Je dis stop aux cure-dents jetables. Il est possible que je me rende compte que je n'ai même pas besoin d'un substitut à cet objet. Si j'en utilise souvent (si je suis un grand fan de cocktails dînatoires, par exemple), je peux opter pour des piques apéro en métal.

LE PETIT +

Je trouve des petits sets de piques d'occasion dans la ressourcerie à côté de chez moi ou chez Emmaüs.

Débarbouillette

Au-delà de l'impact sur la santé lors de leur utilisation, les lingettes posent de sérieux problèmes lorsqu'elles sont jetées dans les toilettes. En effet, elles sont très résistantes et même les lingettes « biodégradables » peuvent créer des bouchons dans les réseaux d'assainissement, allant jusqu'à provoquer des débordements accidentels dans la nature.

Je dis définitivement adieu aux lingettes pour bébés ! Les débarbouillettes, ou carrés bébé, sont adaptées pour le change et viennent en complément des gants de change. Je privilégie du coton bio certifié GOTS. Je les lave à 40 °C pour les garder le plus longtemps possible.

LE PETIT +

J'économise 150 à 300 euros par an rien qu'en utilisant des lingettes lavables au lieu des lingettes jetables.

Démaquillant solide

Notre démaquillant reste plusieurs semaines dans notre salle de bains, nous donnant l'impression que la bouteille est à usage durable. En réalité, elle est bien fabriquée, remplie et vidée une seule fois avant d'être recyclée ou détruite.

Aujourd'hui, presque tous les cosmétiques existent en version solide, le démaquillant ne fait pas exception. Il s'agit d'un petit pain solide contenant tous les principes actifs utiles au démaquillage, mais sans eau. Pour l'utiliser, je le frotte doucement sur ma peau mouillée pour créer une mousse fine. Je masse mon visage avec et je rince.

LE PETIT +

En attendant de trouver le démaquillant solide qui me convient, je peux tout simplement utiliser de l'huile végétale (olive ou autre). J'en mets quelques gouttes sur un coton lavable et je frotte doucement mon visage avec. Même le mascara n'y résiste pas !

Dentifrice solide

95 % du titane extrait est utilisé comme colorant blanc dans des peintures, crèmes solaires ou encore… les dentifrices. Cet usage dit « dispersif » pose problème car il est impossible de recycler le titane utilisé de cette façon. Et quand bien même, nous pouvons questionner le fait de mettre des métaux dans du dentifrice !

J'opte pour un dentifrice solide. Certains moussent mieux que d'autres et c'est peut-être plus facile pour commencer. Il en existe avec différentes compositions (à la menthe, au charbon actif ou à la fraise). J'humidifie ma brosse à dents et je mets un tout petit peu de dentifrice. Je laisse bien sécher le dentifrice entre deux utilisations.

LE PETIT +

Je peux aussi très facilement faire mon dentifrice moi-même avec de l'argile et quelques gouttes d'eau pour créer une pâte. J'évite d'y ajouter du bicarbonate, car il risque d'abîmer l'émail des dents à la longue.

Déodorant solide

Les publicitaires l'ont compris, nous avons besoin de produits plus naturels. Ainsi, il existe dorénavant en grandes surfaces des déodorants à l'extrait de pierre d'alun, à la fleur de coton ou encore sans sels d'aluminium. Pourtant, en retournant la bouteille, nous nous rendons bien compte que sous ses faux airs naturels, la composition laisse à désirer.

Je teste le déodorant solide. C'est un petit pain que je frotte directement sur mes aisselles humides. En privilégiant des marques engagées, je m'assure d'avoir une composition plus saine et, surtout, je dis adieu aux bouteilles, flacons et déodorants billes en plastique à usage unique.

LE PETIT +

Je peux aussi trouver des recettes sur internet pour faire mon propre déodorant, souvent sous forme de crème. En ajoutant de la cire d'abeille, je peux créer un produit qui, une fois coulé dans un stick de déodorant, se solidifie.

Détachant solide

Comme de nombreux produits censés nettoyer, détacher et désinfecter, les détachants que l'on trouve dans le commerce sont *a minima* irritants, au pire toxiques pour nous et l'environnement du fait de leur composition chimique.

Je me procure un savon détachant à la terre de Sommières (une argile reconnue pour ses qualités détachantes). Ou j'utilise tout simplement du savon de Marseille. Il en existe en stick pour permettre une application précise sur les taches.

LE PETIT +

Il y a aussi tout un tas d'astuces pour retirer les taches : le sang part à l'eau froide, le vin rouge avec du sel… C'est l'occasion de les tester et de les adopter.

Eau florale

Nous voulons que nos produits d'entretien, nos lessives et nos désodorisants sentent bon. Ainsi, tous ces produits sont chargés de parfums de synthèse, qui donnent une impression de propre alors qu'ils contribuent à polluer l'air intérieur de nos maisons. Ils sont à limiter.

Je supprime désodorisants et bougies d'intérieur et j'aère simplement lorsque j'ai besoin d'un coup de frais. Pour mes produits d'entretien faits maison, lorsque c'est nécessaire, j'utilise des eaux florales ou hydrolats. S'ils sont de bonne qualité, ils ont les mêmes propriétés que leur équivalent en huiles essentielles (désinfectant ou antibactérien, selon les plantes) mais leur production pollue moins.

LE PETIT +

Si l'odeur de vinaigre blanc m'incommode, je laisse infuser des écorces d'orange directement dans la bouteille (dans tous les cas, à l'utilisation, l'odeur de vinaigre part rapidement d'elle-même).

Économiseur d'eau

Il nous semble parfaitement normal de faire la vaisselle, de nous doucher ou encore de tirer la chasse avec de l'eau potable. C'est pourtant un bien de plus en plus rare et toute cette eau doit être retraitée par la suite dans des installations qui nécessitent beaucoup de ressources et d'énergie.

Je deviens économe en eau dans toute la maison. Pour cela, j'installe des économiseurs d'eau : mousseur sur mon robinet, pommeau de douche écologique… et si je dois installer un nouveau w.-c., je le choisis avec double chasse d'eau.

LE PETIT +

Autre astuce : mettre une brique ou une bouteille pleine d'eau dans le réservoir des toilettes pour faire baisser le niveau d'eau. La plupart du temps, je peux aussi simplement adapter le remplissage de mon réservoir en déplaçant le flotteur. Cela prend 5 min et ne nécessite aucun outil.

Essuie-tout réutilisable

Prenons conscience que nous sommes dans l'ère du trop jetable. Nous avons remplacé les mouchoirs en tissu par des mouchoirs jetables, les torchons par de l'essuie-tout à usage unique. Devons-nous continuer sur cette lancée et avoir des serviettes de bain ou bien des sous-vêtements jetables ?

Je remplace l'essuie-tout en papier par un set réutilisable. Je peux mettre dans ma cuisine 2 petites corbeilles : je stocke les essuie-tout propres dans la panière et je mets les sales dans la seconde, en attendant de les laver. Je garde ainsi l'aspect pratique, sans faire de déchet !

LE PETIT +

Je peux créer mon propre kit de récup' en découpant des vieux torchons en carrés. Je peux aussi coudre ensemble du tissu classique et du tissu-éponge pour une absorption maximale.

Étamine

Comment se procurer du lait sans emballage ? En trouvant un endroit qui vend des bouteilles consignées ! Malheureusement, en France, la consigne sur le lait a quasiment disparu. En attendant qu'elle fasse son grand retour, grâce à des initiatives telles que le Réseau Consigne, je peux faire mon lait végétal zéro déchet à la maison.

L'étamine me permet de fabriquer mon propre lait végétal. Je fais tremper 100 g d'oléagineux (des amandes, des noix ou des noisettes) pendant 12 h dans un grand saladier rempli d'eau. Je les égoutte et je les mixe ensuite avec 75 cl d'eau claire. Je filtre le liquide obtenu grâce à mon étamine placée au fond d'une passoire. À conserver 3 à 5 jours au réfrigérateur.

LE PETIT +

Si je veux tester le lait végétal avant d'investir dans une étamine, je peux faire la même recette en faisant passer la préparation à travers un torchon bien propre (simplement, la forme de l'étamine rend l'opération plus facile).

Fil dentaire compostable

Peu utilisé en France, le fil dentaire l'est beaucoup plus dans les pays anglo-saxons. Il est fait en nylon ou plastique PTFE (issus de la pétrochimie). Il est aussi souvent vendu dans une boîte en plastique, elle-même filmée sous plastique.

Je peux maintenant trouver sur le marché du fil dentaire en soie naturelle et végane (enduit de cire de candelilla et d'huile essentielle de menthe verte), vendu dans un distributeur en verre et métal. Les recharges sont conditionnées dans du papier et un emballage en carton biodégradable. Le fil, quant à lui, est compostable.

LE PETIT +

Il existe aussi du fil dentaire au charbon végétal qui a de nombreuses propriétés : absorber les toxines, lutter contre la mauvaise haleine et blanchir les dents…

Filtre à café réutilisable

À chaque utilisation de notre cafetière, nous utilisons un filtre jetable en papier. La plupart du temps, marc de café et filtre papier finissent dans la poubelle d'ordures ménagères résiduelles, alors que les deux sont compostables et pourraient être redonnés à la terre.

Parfois les cafetières sont vendues directement avec un filtre réutilisable. Je le glisse dans ma cafetière de la même façon que le filtre jetable. Quand mon café est prêt, je vide le marc de café dans mon compost (ou je le garde pour faire un gommage), je nettoie mon filtre et c'est reparti !

LE PETIT +

Si je dois acheter un filtre réutilisable, je fais attention à sa taille. Dans 90 % des cas (pour les cafetières en France), le filtre taille 4 convient. Si ma cafetière est plus petite (1 l), je prends un filtre taille 2.

Furoshiki

Qui dit fêtes de fin d'année, dit repas en famille, rires et partage. Ce sont des moments d'échange et de bonheur. Et pourtant, la vue du salon familial, dont le sol est jonché d'emballages cadeaux après le grand déballage ne nous laisse-t-il pas un goût amer ?

Pour emballer les cadeaux, la prochaine fois, je choisis les furoshikis. Le mot désigne à la fois une technique de pliage et de nouage qui vient du Japon, mais aussi les carrés de tissu utilisés pour emballer les cadeaux. Je les achète tout faits ou je les couds moi-même dans des foulards ou chutes de tissu que j'ai déjà.

LE PETIT +

Je peux aussi complètement supprimer les cadeaux matériels et offrir des moments de partage : ateliers, activités, pièces de théâtre ou spectacles. Plus besoin d'emballages !

Gant de change

Entre 0 et 2 ans, un bébé sera changé 5 000 fois en moyenne. Et, à chaque change, une lingette jetable sera utilisée. 5 000 lingettes par bébé, multiplié par les plus de 700 000 bébés qui naissent chaque année en France. L'aspect pratique peut-il à lui seul justifier cette utilisation disproportionnée de ressources ?

J'opte pour les gants de change. Ce sont des petits gants (en général 12 x 15 cm), réutilisables, parfaits pour nettoyer les fesses de bébé. Un petit pack de 20 gants de change peut suffire. Je les lave à 40 °C et utilise un savon détachant avant, si nécessaire.

LE PETIT +

Mes petits gants peuvent être utilisés entre 300 et 500 fois. À terme je fais des économies.

Gant de toilette

Une fleur de douche, c'est joli, mais cela risque de relâcher des micro-particules dans les canalisations. Et, en fin de vie, aucune solution de recyclage n'existe.

J'utilise plutôt un gant de toilette et je privilégie le coton ou les matières végétales. Surtout, je le laisse bien sécher entre 2 utilisations pour empêcher la prolifération de bactéries.

LE PETIT +

Je les couds moi-même dans des vieilles serviettes de toilette abîmées par endroits. Je donne ainsi une seconde vie à mes serviettes, tout en créant un objet zéro déchet. Je peux aussi me laver directement avec les mains.

Georgette

Partout où il y a de la nourriture à emporter, il est très fréquent de voir des couverts jetables, souvent en plastique. Nous nous réjouissons parfois (à tort) de voir des couverts dans d'autres matériaux (en bambou, par exemple). Malheureusement, ils sont rarement triés (tout est jeté dans la même poubelle) et encore plus rarement compostés. Au final, c'est toujours une logique jetable.

Pour éviter d'utiliser des couverts à usage unique, je prends toujours ma georgette avec moi ! Il s'agit d'une cuillère qui sert aussi de fourchette. Elle prend très peu de place et peut se transporter facilement pour parer à toutes les situations et fringales (une envie soudaine lors d'un festival par exemple !).

LE PETIT +

Au bureau, je laisse un set de couverts en inox dans un tiroir pour en avoir toujours sous la main.

Gobelet réutilisable

Difficile d'échapper aux gobelets en plastique jetables. Que ce soit à la machine à café, en festival, au stand de boissons d'une kermesse ou lors du dernier événement culturel local, les gobelets sont partout. Ils sont parfois remplacés par des gobelets en carton. Il est vraiment dommage de simplement substituer un objet jetable par un autre, sans remettre en cause le principe même de l'usage unique !

Dans tous mes événements, j'emporte mon petit gobelet réutilisable (je peux même en trouver un rétractable). Si c'est moi qui organise l'évènement, je loue ou j'emprunte un kit de gobelets ou je demande à chaque participant·e de venir avec son gobelet.

LE PETIT +

Je peux créer un kit de gobelets réutilisables que tout le monde pourra emprunter au sein de mon association de quartier, de mon club de sport ou de l'école de mes enfants.

Gourde

Les bouteilles d'eau de 50 cl sont arrivées en France seulement en 1991. Et pourtant, aujourd'hui, on les juge indispensables pour les séances de sport ou lorsque l'on est hors de la maison. C'est à se demander comment on faisait avant ?

Je remplace les petites bouteilles par une gourde. Il en existe de toutes les tailles et de toutes les couleurs, à glisser dans mon sac. Je privilégie l'inox, et non le plastique ou l'aluminium car ce dernier est toujours tapissé d'une fine couche de plastique.

LE PETIT +

Je peux faire un tour sur les sites de vente de seconde main pour trouver ma gourde d'occasion. La section « accessoires » de Vinted en regorge. J'évite dans tous les cas de prendre une gourde « goodie » lors d'un événement d'entreprise ou d'un salon.

Gourde à compote

Lors du goûter des enfants, la compote en gourde semble irremplaçable. Pourtant, l'emballage est très difficile à recycler (car composé de plusieurs matériaux collés les uns aux autres). Pire, les gourdes sont maintenant dotées d'un bouchon avec hélices. Conçu initialement pour favoriser la prise en main, il est devenu un jouet pouvant être abandonné dans la nature. Deux bonnes raisons de trouver une alternative.

Je me procure une gourde à compote réutilisable. Je la remplis (de compote maison ou achetée dans de grands pots en verre) par le bouchon ou une fermeture zippée. Je l'utilise plus de 50 fois et je la lave facilement au lave-vaisselle.

LE PETIT +

Ces gourdes à compotes, même si elles permettent d'éviter beaucoup de déchets, sont malgré tout en plastique ou en silicone. Dès que je le peux, je change de goûter et fais passer mon enfant au pot de yaourt en verre réutilisable.

Kit animaux zéro déchet

Les litières, la nourriture, les jouets, les shampoings… Les équipements de nos animaux de compagnie génèrent beaucoup de déchets. Quelques actions simples peuvent être mises en place pour les réduire.

Si j'ai un chat, j'achète de la litière végétale et compostable (je me renseigne pour savoir où et comment composter ce genre de produits sensibles !). Si j'ai un chien, j'opte pour des savons et shampoings solides, certaines marques de cosmétiques en ont spécialement développé pour nos compagnons à poils. Je regarde autour de chez moi les magasins de vrac qui proposent de la nourriture pour animaux.

LE PETIT +

Je peux aller plus loin en limitant les jouets ou en les achetant d'occasion et composés de matières naturelles.

Kit zéro déchet

Même en vivant zéro déchet, les choses se compliquent en dehors de chez nous. Nous prenons machinalement un flyer dans la rue pour le jeter dans la poubelle la plus proche ; nous achetons un croissant, systématiquement accompagné d'un emballage ; nous prenons la serviette jetable au restaurant ; nous craquons sur un pain bagnat sous film plastique...

Éviter ce genre de déchets demande un peu d'anticipation. Je constitue un petit kit de secours : un sac en toile (type tote bag) et 2 sacs à vrac. Je le glisse dans mon sac ou dans la portière de ma voiture. S'il reste un peu de place, je prends aussi une serviette et une georgette (voir quelques pages avant). Je suis paré·e pour (presque) toutes les situations.

LE PETIT +

Je fais un tour sur GEEV, l'application seconde main, pour trouver une trousse d'occasion afin d'y mettre mon matériel.

Liste de courses

Rien qu'en ce qui concerne la consommation à domicile, chaque Français gaspille 62 kg de nourriture par an. Nous achetons trop, nous ne pouvons résister à l'appel d'une promotion « 2 pour le prix d'1 » alors que ces quantités ne répondent pas à nos besoins, nous craquons sur des produits dont nous ne voulons plus une fois rentrés à la maison…

La règle numéro 1 : je vais systématiquement faire mes courses alimentaires avec une liste de courses, constituée après avoir fait le bilan de mes réserves. Autre conseil : je fais les courses le ventre plein. Cela m'évite d'acheter n'importe quel produit juste par gourmandise.

LE PETIT +

Je peux aller plus loin dans la lutte contre le gaspillage en achetant des produits qui vont être jetés. L'application Too Good To Go, par exemple, permet de récupérer des invendus alimentaires à petits prix.

Livre de cuisine

D'après Bruno Lhoste, dans son livre *La grande (sur-)bouffe*, plus de 80 % de la nourriture que nous jetons sont des déchets évitables. En mettant en place des actions correctives à notre niveau, nous pourrions réduire le gaspillage alimentaire de 43 kg par an et par habitant.

Je m'achète un livre de recettes zéro déchet. J'y apprends à choisir et conserver au mieux les aliments, à cuisiner toutes les parties comestibles d'un aliment, à accommoder les restes et tout un tas de petites astuces. Les fruits mûrissent plus vite à côté de bananes, le poireau peut se manger entièrement et le pain rassis peut être cuisiné de plus de 10 façons !

LE PETIT +

Je peux créer moi-même mon livre de cuisine zéro déchet en demandant des recettes et des astuces autour de moi. L'occasion de découvrir ou redécouvrir des recettes anti-gaspi de mes proches.

Livre de référence

Par où commencer ? Est-ce vraiment mieux pour l'environnement de faire de telle façon ? Le zéro déchet demande de repenser plusieurs aspects de nos vies et cela peut être compliqué au départ. Internet regorge de recettes DIY ou maison, de conseils et d'informations, et peut nous aider comme nous perdre.

Pour m'aider, je choisis quelques livres de référence qui m'accompagnent dans ma démarche. J'ai besoin d'un livre sur le mode de vie zéro déchet (*La Famille presque zéro déchet,* par exemple). Je découvre aussi le zéro déchet à plus grande échelle grâce au *Scénario Zero Waste* ou *Territoires Zero Waste*. Je peux compléter avec des livres thématiques suivant mes centres d'intérêt.

LE PETIT +

Je fais circuler mes livres au maximum pour qu'ils aient plusieurs vies ou je les emprunte en bibliothèque.

Lombri-composteur

Les déchets organiques que nous produisons peuvent être compostés directement chez nous, ce qui permet de réduire les transports et leurs désagréments.

Je me dote d'un lombricomposteur. C'est une boîte à plusieurs étages (dont un avec des vers) dans laquelle je mets mes biodéchets végétaux (restes d'aliments, épluchures, marc de café…). Les vers les transforment en liquide (que je peux utiliser, dilué, sur les plantes) et en compost ! Le lombricomposteur est adapté pour être à l'intérieur. Pas de panique, les vers restent à leur place, ils ne se baladent pas dès que j'ouvre le couvercle !

LE PETIT +

Je peux fabriquer mon lombricomposteur moi-même et récupérer des vers sur le site www.plus2vers.com.

Maillot-couche lavable

Pour les séances de bébé nageur, la grande majorité des établissements obligent les enfants à porter des couches de piscine. Se posent alors les mêmes problèmes que pour les couches jetables : la composition est remise en cause et la quantité de déchets produits peut être impressionnante. Heureusement, une autre solution existe.

Je trouve un maillot-couche lavable entre 20 et 40 €, suivant la marque. Il est imperméable, et je peux l'utiliser comme simple maillot de bain et ajouter un insert lavable si besoin. Il est facile à retirer, à laver et à remettre en cas d'accident.

LE PETIT +

Si je vais souvent à la mer ou la piscine avec bébé, les maillots- couches lavables sont très vite rentabilisés et je fais même des économies avec le temps.

Maquillage rechargeable

D'abord proposé pour les produits d'entretien ou les savons liquides, le conditionnement rechargeable est maintenant disponible pour plusieurs produits de maquillage. Cela permet d'alléger le packaging, et ainsi d'utiliser moins de matières premières, mais aussi d'optimiser le transport et de réduire son impact.

La marque Zao propose des rouges à lèvres, poudres de teint ou correcteurs en version rechargeable. Peut-être que des petits producteurs et productrices autour de chez moi ont le même fonctionnement. Je peux aussi informer mes marques de cosmétiques préférées que c'est quelque chose que je recherche, pour les inciter à bouger.

LE PETIT +

Sinon, je fais mon maquillage moi-même. Mascara et rouge à lèvres sont assez faciles à faire et je trouve plein de recettes en ligne. Je privilégie celles avec le moins d'ingrédients et je fais attention à la conservation de mes produits.

Mouchoir en tissu

Pour fabriquer 1 kg de coton, il faut 5 000 à 25 000 litres d'eau, 2 kg d'engrais chimiques et 75 g de pesticides. Ce qui en fait aujourd'hui, la culture la plus polluante au monde. Réduire le coton jetable devrait être une priorité.

J'oublie mes *a priori* et je passe au mouchoir en tissu que je lave. J'en ai un petit lot pour pouvoir tourner quand ils sont sales. En plus d'éviter les déchets, le mouchoir en tissu est beaucoup plus solide que son équivalent jetable. Fini le mouchoir qui se désagrège dans mes mains les jours de rhume !

LE PETIT +

Je peux coudre mes propres mouchoirs dans des vieux draps abîmés par endroits. Ainsi, je leur donne une seconde vie, et cela fait des mouchoirs tout doux car le tissu est déjà assoupli.

Mug

Pour produire un gobelet en plastique, il aura fallu extraire du pétrole, le transporter, le raffiner, le transporter à nouveau, le transformer en granulés de plastique, le mouler pour lui donner sa forme finale, puis l'emballer, le transporter à nouveau, le déballer, le mettre dans le distributeur de la machine pour enfin l'utiliser… une fois avant de le jeter ! Est-il réellement plus simple d'utiliser un gobelet à usage unique que de laver son mug ?

Au bureau, j'utilise systématiquement une tasse ou un mug. J'invite mes collègues à apporter chacun le leur pour que tout le bureau s'y mette. C'est un bon moyen de faire connaître et de parler de ma démarche zéro déchet et peut-être de mettre d'autres actions en place.

LE PETIT +

Les machines à café peuvent être programmées pour détecter la présence d'une tasse et ne pas distribuer le gobelet jetable.

Oriculi

Petits et pratiques, on les pense inoffensifs, et pourtant, les cotons-tiges ont un impact important sur les milieux aquatiques, notamment du fait de leur taille. Ainsi, lors de ses opérations de nettoyage, l'association Surfrider ramasse chaque année des milliers de cotons-tiges le long des plages. Bref, un objet à bannir du quotidien !

Je dis stop aux cotons-tiges avec bâtonnet en plastique (qui seront interdits dès le 1er janvier 2020). Je peux opter pour ceux avec des tiges en carton, mais le mieux est de les remplacer par un oriculi. C'est un petit bâton incurvé réutilisable à l'infini. Je peux le choisir en bois ou en métal et je le nettoie après chaque utilisation.

LE PETIT +

Pas besoin d'aller dans un magasin spécialisé, je peux trouver un oriculi en pharmacie ou parapharmacie. Et, comme pour les brosses à dents, je peux en prendre un de couleur différente pour chaque membre de la famille.

Paille réutilisable

L'association Bas les Pailles le dit très bien : « Pour siroter son jus de fruit ou son cocktail, la paille est devenue une vieille habitude bien plus qu'une nécessité. À tel point qu'en France, 8,8 millions de pailles sont jetées chaque jour, uniquement dans l'industrie de la fast-food. Et aux États-Unis, chaque jour, 500 millions de pailles sont consommées – assez pour faire deux fois et demie le tour de la planète. » Comment faire sans ?

J'opte pour des pailles réutilisables. Je peux les choisir en inox ou en bambou. Si je les transporte beaucoup, je privilégie des pailles solides que je range dans une petite pochette pour ne pas les abîmer et ainsi les utiliser le plus longtemps possible.

LE PETIT +

En réalité, la plupart du temps, je n'ai même pas besoin d'un substitut. Dans les bars et restaurants, à chaque fois que cela est possible, je pense à commander ma boisson sans paille.

Pile rechargeable

Nous trions peu nos piles et accumulateurs qui finissent encore trop souvent dans la poubelle d'ordures ménagères résiduelles (OMR). S'ils atterissent en décharge ou en incinérateur, ils libèrent des métaux lourds dans le sol, aggravant les risques de pollutions.

Pour réduire ces pollutions, je ne jette jamais mes piles avec le reste de mes déchets. Je les ramène en borne de collecte, que je trouve souvent à l'entrée des supermarchés. Quand je dois les changer, j'opte pour des piles rechargeables. Pour permettre à mes piles de vivre le plus longtemps possible, je les laisse branchées uniquement le temps de la charge.

LE PETIT +

Le projet RegenBox propose même (en open source) un chargeur capable de donner une 2e vie à tout type de pile (même les piles alcalines dites à usage unique).

Pochette à sandwich

L'usage de l'emballage plastique jetable est tellement ancré dans nos mœurs qu'il nous semble impossible d'acheter un sandwich à la boulangerie ou au supermarché sans son étui plastique (pour pouvoir voir le sandwich à travers !). Et pourtant, il est possible de faire sans.

J'adopte la pochette à sandwich, une sorte d'enveloppe de tissu lavable. J'identifie les lieux de vente autour de chez moi ou du bureau qui ne pré-emballent pas les sandwichs (souvent les boulangeries, contrairement aux supermarchés) et je me fais servir directement dans ma pochette. Ou j'y glisse mes sandwichs maison pour ma pause déjeuner ou pour partir en balade.

LE PETIT +

Il existe aussi des carrés de tissu enduit que je peux plier comme je le souhaite. Ces emballages sont encore plus pratiques car s'adaptent à n'importe quelle forme : sandwich baguette ou club.

Pochette à savon

Peu d'hôtels ou de chambres d'hôtes proposent des shampoings ou savons solides non-emballés. On y trouve plutôt des échantillons contenus dans des emballages plastique. Pour « exporter » sa démarche zéro déchet, il est donc important d'anticiper.

J'utilise une pochette ou une boîte à savon pour transporter mes savons et shampoings solides lors de mes déplacements. Il existe des petites pochettes spéciales avec une doublure imperméable. Je peux y ranger mon savon même s'il est encore humide. Pratique !

LE PETIT +

Je peux aussi fabriquer ou customiser une boîte. C'est très simple et si je n'ai pas d'idées, je trouve tout un tas de super tutos sur le site www.ouiaremakers.com.

Poubelle de tri

Il arrive à tout le monde de mettre dans les poubelles de tri des déchets qui ne devraient pas s'y trouver. En Île-de-France (sur le territoire du Syctom), 40 % des déchets qui finissent en incinérateur auraient dû ou pu être triés ! Il est temps que cela change.

Je me renseigne sur les consignes de tri pour ma commune. Je trouve les informations sur le site du syndicat de traitement dont je fais partie ou je me renseigne auprès de ma mairie. Globalement, je mets au tri papiers, cartons, aluminium, bouteilles et flacons en plastique. Je pense aussi à regarder où je peux jeter verre et tissus.

LE PETIT +

La parade ultime : si je ne sais pas trier un déchet, je peux me demander comment l'éviter la prochaine fois. L'impact positif d'un déchet évité est bien meilleur que celui d'un déchet trié.

Rasoir de sûreté

Nous avons remplacé du réutilisable par du jetable, c'est une chose. Mais nous avons ensuite (sur)perfectionné le jetable. Ainsi, il est possible aujourd'hui d'acheter des rasoirs 3, 4 ou 5 lames avec coussins protecteurs, palettes lubrifiantes, gel actif... Les marques font du rasoir un objet de luxe, et pourtant, il est jetable !

Je remplace les rasoirs jetables par un rasoir de sûreté. L'usage en est très proche. Il y a malgré tout un petit temps d'adaptation pour trouver l'angle d'attaque. Le plus simple pour prendre le pli est de visionner une vidéo sur internet.

LE PETIT +

Je peux acheter mon rasoir de sûreté d'occasion sans problème car, dans tous les cas, la lame se change à intervalle régulier. Ce sont des lames standards, que je trouve dans n'importe quel magasin.

Recouvre-bol

Le film étirable est devenu un incontournable de la cuisine alors qu'il est impossible à recycler. Nous avons accepté dans nos gestes quotidiens l'utilisation de cet objet qui nous semble irremplaçable. Plus besoin de chercher après le bout du fil, je le supprime.

Je me procure un lot de recouvre-bols. Ce sont des charlottes en tissu enduit de tailles différentes. Ainsi, je peux facilement recouvrir un bol, un saladier ou une casserole. Très pratique, cela me permet de ne pas salir de boîte de conservation pour garder mes aliments.

LE PETIT +

J'apprends à coudre moi-même mes charlottes. Si je n'ai aucune notion de couture, l'application d'entraide Indigo peut me met en relation avec des gens qui peuvent m'apprendre.

Sac à pain

Lorsqu'une boulangerie achète de la farine pour préparer 70 baguettes, 70 étuis à baguette sont automatiquement compris dans le prix et lui sont livrés. Le jetable est inclus de base dans la production ! Comment contrer ce système ?

Je prends systématiquement mon sac à pain pour aller à la boulangerie. Il me permet aussi de conserver au mieux mon pain dans les jours suivants, j'évite ainsi d'en gaspiller. Pour une baguette, une simple serviette de table ou un torchon propre peuvent aussi très bien faire l'affaire.

LE PETIT +

Si je veux faire mon sac à pain moi-même, je peux utiliser la manche longue d'un vieux t-shirt et juste coudre une des extrémités. Même pas besoin d'être expert·e en couture !

Sac à vrac

Nous continuons à faire majoritairement nos courses dans les hypermarchés, temples de l'emballage. Pourtant, la France est devenue le leader mondial du vrac avec 215 épiceries vrac en 2019 (contre 18 en 2015 !). Sans compter que je peux trouver du vrac dans une grande partie des magasins biologiques ou au marché.

Je me mets au vrac dès aujourd'hui ! En devenant consommateur de vrac, je soutiens son essor. Pas besoin de matériel élaboré, un lot de sacs en toile, que j'emporte pour faire mes courses, suffit. Il existe même des sacs gradués. J'achète directement riz, pâtes, céréales, noix, gâteaux dans mes sacs et je peux mettre en bocaux en rentrant.

LE PETIT +

En achetant en vrac, j'achète aussi à la juste dose, ce qui permet de réduire le gaspillage alimentaire !

Sac de lavage

À chaque lavage, des particules de plastique se détachent de nos vêtements synthétiques, passent à travers les filtres et stations d'épuration et finissent dans les rivières et océans. Comment limiter ces rejets dans la nature ?

J'investis dans un sac de lavage filtrant. Le principe est simple : je mets mes vêtements synthétiques dans le sac avant de le mettre à la machine. Il permet de limiter les frottements et donc la perte de petites particules. Après le lavage, je récupère les fibres dans l'ourlet du sac et je les jette à la poubelle.

LE PETIT +

Le sac filtrant n'est qu'une étape. Le mieux est de ne plus avoir de matières synthétiques dans sa garde-robe. Lorsque je dois remplacer des vêtements, je choisis des matières naturelles !

Sac en toile

Les sacs plastiques de caisse à usage unique ont été interdits en France en 2017. Ils ont malheureusement été remplacés par des sacs en bioplastiques (et toujours jetables !) ou en plastique plus épais (censés être réutilisables). Pourtant, nous avons simplement substitué un déchet par un autre, sans en questionner l'usage.

Je refuse systématiquement les sacs proposés à la caisse. Pour les petites courses du quotidien, j'utilise un sac en toile ou tote bag. Généralement en coton, ils sont résistants et ne prennent pas trop de place. Je peux en rouler un et le garder dans mon sac en cas d'imprévu.

LE PETIT +

Attention, pour être intéressant d'un point de vue écologique, ce sac doit être utilisé au maximum. Je refuse donc les sacs en toile offerts en cadeau ou goodie et je ne fais pas collection. Si je n'en ai pas, je peux demander autour de moi, les placards des uns et des autres en regorgent déjà, pas besoin d'appuyer la production de nouveaux sacs.

Sauve-savon

Les cosmétiques solides sont parfois difficiles à utiliser jusqu'au bout. Nous nous retrouvons donc avec des chutes de savon qui s'accumulent et dont nous ne savons que faire.

J'utilise un sauve-savon, sorte de petite pochette qui a la forme d'une mini-taie d'oreiller dans laquelle je glisse mes chutes de savon. Je le passe sous l'eau et je le fais mousser, comme une savonnette. Je peux aussi créer mon propre sauve-savon avec un bas de collant filé. Je glisse les morceaux de savon dans le collant et le ferme simplement en faisant un nœud.

LE PETIT +

Quand je suis à la fin de mon savon et qu'il ne me reste plus qu'une petite plaque toute fine, je peux aussi l'utiliser dans mes travaux de couture, à la place d'une craie de tailleur. Il glisse sur le tissu et ne l'abîme pas !

Savon

Les bouteilles de gel douche sont faites en plastique et, *a priori*, on n'imagine pas comment on pourrait s'en passer. Et pourtant, lorsque l'on regarde la composition des produits, ils sont principalement constitués… d'eau ! Pour supprimer l'emballage, il suffit de supprimer l'eau et donc de se tourner vers les cosmétiques solides. Et en plus, on paye tout cela un prix fou !

Je laisse tomber les gels douche. Pour qu'il ne laisse pas une impression de sécheresse sur ma peau, je passe au savon saponifié à froid et surgras. La saponification à froid permet aux huiles végétales présentes dans le savon de garder toutes leurs propriétés.

LE PETIT +

Je peux me lancer dans la fabrication de mes propres savons. Comme ça, je peux choisir leur couleur, odeur et propriétés suivant les ingrédients que j'y mets. Je dois juste faire attention à la manipulation de la soude et prévoir le temps de séchage.

Savon de Marseille

Nos placards débordent de bouteilles et flacons de produits d'entretien. Ces produits chimiques finissent dans les canalisations alors qu'ils sont peu biodégradables. Devons-nous réellement polluer notre environnement pour nettoyer notre maison ?

Je ne jure plus que par le savon de Marseille. Il sert pour le corps, mais il est aussi un des produits de base de l'entretien et du nettoyage à la maison. Je crée ma recette de liquide vaisselle, nettoie les taches tenaces, entretiens mon canapé en cuir ou mon fer à repasser avec.

LE PETIT +

Attention, l'appellation « savon de Marseille » est utilisée à tort et à travers. Le vrai savon de Marseille est fabriqué à base de soude et d'huile végétale (et contient au moins 72 % d'huile !). Sa composition doit ressembler à ça : sodium olivate (huile d'olive, parfois aussi huile de coco ou huile de palme), aqua (eau), sodium hydroxide (soude caustique) et sodium chloride (sel). C'est tout !

Savon noir

Nous avons tendance à nettoyer nos maisons comme si elles étaient des hôpitaux. Pourtant, les composés volatiles que les produits nettoyants contiennent impactent réellement la qualité de l'air de nos foyers.

Je passe au savon noir, fait à partir d'huile (d'olive ou de lin, la plupart du temps). À la différence du savon de Marseille, où l'on trouve de la soude, le savon noir est fait avec de la potasse, ce qui le rend mou. Je fais bien attention à toujours le diluer avant utilisation car il est très concentré. Je l'utilise pour nettoyer les vitres, les sols ou la gazinière. Pour le sol, un bouchon dans un seau d'eau chaude suffit.

LE PETIT +

Je peux acheter mon savon noir directement en vrac dans le rayon entretien des épiceries vrac. Donc *exit* les emballages, en plus de la pollution !

Serpillière

Pour faire le ménage, on nous fait croire qu'il faut un balai avec manche télescopique, des lingettes électrostatiques jetables ou un plumeau spécial « aimant à poussière ». Le besoin de progrès nous pousse à inventer des innovations superflues ! Peut-on réellement révolutionner le ménage ? Et, surtout, ces innovations doivent-elles nécessairement être jetables ?

Adieu seau-essoreur, serpillière à franges, balai à lingettes… Pour laver le sol, j'opte simplement pour un balai-brosse et une serpillière. Je choisis cette dernière en coton (et non en matière synthétique) et assez grande pour pouvoir la fixer sur mon balai.

LE PETIT +

Pour faire durer ma serpillière et limiter la prolifération de bactéries, je la lave bien et la fais sécher entre deux utilisations. Je peux choisir du coton gaufré, qui sèche plus vite. Enfin, je la fais bouillir de temps en temps pour l'entretenir.

Serviette de table

Les restaurants et brasseries proposent, la plupart du temps, des serviettes en papier jetables. Ce petit objet, que nous utilisons parfois à peine, est vite jeté et remplacé pour le prochain client. Pouvons-nous imaginer l'impact positif sur notre production de déchets si, demain, tous les restaurants de France décidaient de ne plus proposer ou imposer cet objet ?

Je me procure une serviette en tissu et je l'emporte partout. Ainsi, au restaurant, je peux refuser la serviette jetable et, qui sait, peut-être sensibiliser le restaurateur dans le même temps. À la maison, c'est encore plus facile, j'ai mon lot de serviettes standard et un lot de fête (plus petites et donc plus pratiques à laver), si je reçois souvent.

LE PETIT +

Je peux trouver des serviettes d'occasion sur des sites comme www.dubeaulinge.fr, qui revend moins cher du linge d'hôtel.

Serviette périodique lavable

En moyenne, les femmes réglées ont leurs menstruations tous les 28 jours pendant 39 ans, soit plus de 500 fois dans une vie. Sachant que plusieurs protections sont utilisées à chaque cycle, c'est chaque année plus de 2 milliards de serviettes menstruelles et tampons à usage unique qui sont jetés en France.

Je remplace mes serviettes jetables par des serviettes lavables. J'en trouve de différentes tailles et capacités d'absorption. Elles se clipsent directement sur ma culotte grâce à deux boutons-pressions. Pour les laver, je les passe à 40 °C à la machine. Si besoin, je peux les faire tremper à l'eau tempérée avant.

LE PETIT +

Certaines marques proposent des kits de couture pour créer son lot de serviettes lavables facilement (avec notices, patrons, tissus et boutons-pressions). C'est un peu moins cher et je saurai les faire moi-même la prochaine fois.

Set de couture

Les vêtements sont presque devenus des produits jetables et nous avons perdu tout savoir-faire pour les réparer et leur donner une seconde vie. Une poche intérieure déchirée, un jean évasé qui n'est plus à la mode, des coudières râpées, une fermeture éclair grippée ? Nous jetons, nous rachetons. D'ailleurs, qui sait encore repriser ses chaussettes ?

Je m'équipe d'un petit set de couture et apprends le b.a.-ba (repriser une paire de chaussettes, raccommoder un bouton, faire un ourlet...). Je demande des cours à mes proches (qui ont sans doute appris à l'école) ou j'apprends seul·e via des tutoriels en ligne. Par exemple, le site www.labobine.over-blog.com en regorge.

LE PETIT +

C'est l'occasion de se réapproprier des savoir-faire en voie de disparition et de garder plus longtemps mes vêtements préférés (avec la satisfaction d'avoir réussi à les réparer moi-même !).

Shampoing solide

Regardons l'étiquette d'une bouteille de shampoing pour étudier sa composition : de l'eau (qui revient cher !), des sulfates (la base moussante et lavante) tant décriés pour leur impact irritant et du silicone (dérivé du pétrole) pour cacher les effets négatifs des sulfates sur le cuir chevelu. Des alternatives existent.

Je passe au shampoing solide. De nombreuses marques en proposent (Druydes, Lamazuna, Pachamamaï...). Il y en a pour tous les goûts : cheveux secs, gras, avec démêlant, avec ou sans huiles essentielles. Je trouve forcément celui qui me convient.

LE PETIT +

Je trouve aussi de nombreuses recettes sur internet pour faire mon shampoing maison. J'aurais besoin de tensioactif (SCI), de poudre végétale ou minérale (comme de la poudre de shikakai) et d'huile végétale (de jojoba, par exemple).

Smartphone de seconde main

Le smartphone est jugé pratique, voire indispensable. Pourtant, ses modes de production ont des conséquences dramatiques à tous les niveaux. Sur l'île de Bangka, en Indonésie, par exemple, la moitié de la population n'a plus accès à l'eau potable à cause de la pollution provoquée par l'extraction de l'étain des mines (utilisé pour faire les soudures de nos smartphones).

Je fais durer mon smartphone au maximum en le chouchoutant. Je résiste à l'appel de la publicité qui me pousse à en changer tous les 10 mois. Et quand je dois vraiment m'en procurer un nouveau, j'achète un téléphone reconditionné que je trouve sur des sites spécialisés. Il est inspecté, testé et vendu sous garantie.

LE PETIT +

Financièrement, j'y gagne. Les smartphones d'occasion sont beaucoup moins chers que les smartphones dernier cri, tout en me procurant un service quasiment identique.

Spray inox

Nous en avions peut-être déjà l'intuition, mais c'est prouvé : d'après une étude de l'Ademe, les produits faits maison polluent moins que leur version du commerce. Par exemple, les nettoyants spéciaux pour grandes surfaces vitrées relâchent 5 fois plus de COV* (composés organiques volatiles) dans l'air que leur version faite maison.

Je me procure des sprays en inox pour y mettre les produits que je fais moi-même, à base de produits naturels. Pour nettoyer mes vitres, je verse ¼ de vinaigre blanc pour ¾ d'eau dans mon spray. Je vaporise sur les vitres et j'essuie avec un torchon propre. Si je n'aime pas l'odeur du vinaigre, je peux glisser des écorces d'orange dans le spray.

LE PETIT +

Avant d'investir dans des spray en inox, je peux récupérer le spray d'un ancien produit. Je dois juste bien le rincer avant de mettre un nouveau produit dedans.

Sticker « Stop Pub »

Selon l'Ademe, chaque foyer français reçoit dans sa boîte aux lettres 30 kg de publicités (non sollicitées !) tous les ans. Ces imprimés sont souvent immédiatement jetés pour être recyclés ou, pire, envoyés en décharge ou incinérés.

J'appose un autocollant « Stop Pub » sur ma boîte aux lettres et j'en propose à mes voisin·es. Je peux également voir avec mon syndic pour mettre une affiche « Stop Pub » globale devant l'entrée de l'immeuble.

LE PETIT +

Je fais ma demande pour obtenir le sticker « Stop Pub » sur le site de Zero Waste France. J'y trouve directement le modèle à imprimer (ou recopier).

Stylo-plume rechargeable

Stylos jetables ou stylos à remplir avec des petites cartouches d'encre, au bout du compte, nous jetons toujours quelque chose. Pourtant, et malgré leur impact, ces déchets sont sous-estimés, voire ignorés, du fait de leur petite taille. La solution pour supprimer ces déchets ?

J'opte pour un stylo à piston, rechargeable sans cartouche. Je peux acheter des flacons d'encre pour le remplir. Je prends des flacons en verre et évite ainsi également le plastique. Je peux trouver un superbe stylo d'occasion chargé d'histoire qui deviendra mon seul stylo sur un site comme www.lesvieilleschoses.com.

LE PETIT +

Si j'aime trop mon stylo-plume actuel, il existe aussi des cartouches à encre à piston, que je peux recharger et insérer dedans.

Tawashi

Les tawashis remplacent les éponges (souvent synthétiques et à durée limitée) et sont un moyen habile de donner une seconde vie à nos collants ou chaussettes.

J'apprends à faire mon tawashi moi-même. Je crée un métier à tisser sommaire en plantant des clous autour d'une planche carrée de 15 cm de côté. Je découpe des bandes de chaussettes ou de collants que je tisse sur mon métier (la technique s'apprend en 2 min grâce aux nombreuses vidéos tutorielles en ligne). Mon tawashi passe à la machine et dure beaucoup plus longtemps qu'une éponge.

LE PETIT +

Si je veux tester, je peux bricoler un métier à tisser provisoire en mettant des pinces à linge autour d'un carton.

Tissu enduit de cire

En cas de forte accumulation dans l'organisme, l'aluminium peut entraîner des problèmes neurologiques et osseux. Même s'il est difficile d'évaluer les risques sanitaires liés à l'exposition à l'aluminium, mieux vaut éviter qu'il entre en contact avec nos aliments. Le papier aluminium est donc à éviter et à remplacer.

Le tissu enduit, aussi appelé Bee's Wrap®, est un morceau de tissu recouvert de cire d'abeille, de résine de pin et d'huile de coco. Je le chauffe un peu en le frottant entre mes mains, ce qui le rend modelable. Je peux ainsi recouvrir un bol contenant des restes ou envelopper un morceau de fromage. Au bout d'environ un an, la cire a tendance à partir. Je peux alors l'utiliser comme allume-feu.

LE PETIT +

Je peux aussi le faire moi-même en faisant fondre de la cire d'abeille sur des carrés de tissu. Je trouve des tutos sur internet pour faire mes propres tissus enduits à l'aide d'un four ou d'un fer à repasser.

Vaisselle en émail ou inox

Léger et presque incassable, le plastique semble être le matériau idéal pour la vaisselle destinée aux enfants. Mais (scandale !), nous apprenons que le Bisphénol A (le fameux BPA) qu'il contient est un perturbateur endocrinien ! Il a été remplacé il y a quelques années par le Bisphénol B. Aujourd'hui, l'Anses conclut que « le BPB présente des propriétés endocriniennes similaires à celles du BPA ».

Je dis stop à la vaisselle en plastique pour les enfants (et les adultes !). Si je choisis de la vaisselle en bambou, je fais attention aux colles utilisées. Le plus simple est encore de s'équiper d'assiettes et bols en émail ou inox. Les enfants peuvent aussi utiliser la même vaisselle que les adultes. D'après les professionnels de crèche, après un temps d'adaptation, ils renversent même moins souvent leur repas.

LE PETIT +

Je trouve de la vaisselle en inox dans les rayons camping des magasins de sport ou dans la catégorie sport des sites d'occasion.

Ventouse

Les publicités nous montrent des produits ultra-performants capables de dissoudre n'importe quel bouchon dans nos canalisations. Problème : ces produits sont parfois dangereux pour l'environnement. Lorsque c'est possible, mieux vaut privilégier les solutions physiques plutôt que les produits chimiques.

Trop souvent oubliée, la ventouse est d'une efficacité redoutable. Lorsque j'ai un bouchon dans mon évier, je mets 15 cm d'eau dans le fond du bac, je bouche le trop-plein et les tuyaux à proximité, et je pompe verticalement. Si ça ne marche pas, j'utilise un furet et/ou démonte le siphon pour le nettoyer.

LE PETIT +

Avant d'en arriver là, j'entretiens mes canalisations (en y mettant un peu de marc de café, par exemple) et/ou en y versant de l'eau bouillante régulièrement pour désintégrer les éventuels petits bouchons.

Vinaigre blanc

Les services marketing des marques de produits d'entretien passent leur temps à essayer de nous vendre des produits toujours plus performants. Nous rêvons d'un produit multi-usage avec lequel nous pourrions nettoyer la maison du sol au plafond. Bonne nouvelle, il existe déjà, et en version bien moins polluante que les produits standards : c'est le vinaigre blanc !

Le vinaigre blanc est l'anticalcaire par excellence et je peux m'en servir partout ! Pour faire briller ma tuyauterie, j'en mets quelques gouttes sur un torchon. Pour détartrer ma bouilloire, je la remplis à moitié de vinaigre et à moitié d'eau, et je laisse reposer une nuit entière, sans faire bouillir, avant de rincer.

LE PETIT +

Le vinaigre est très économique ! Je peux aussi l'acheter directement en vrac pour être zéro déchet jusqu'au bout.

Yaourtière

Les pots de yaourt sont encore peu triés, même si l'extension des consignes de tri devrait bientôt toucher tous les Français et permettre leur tri généralisé. Même lorsqu'ils parviennent en centre de tri, le polystyrène dont ils sont parfois faits est très difficile à recycler et à réintégrer dans de nouveaux produits pour des raisons techniques et économiques. Pourtant, les industriels ne semblent pas près de changer !

Je fais moi-même mes yaourts maison grâce à ma yaourtière. Pour commencer, il me faut du lait et des ferments lactiques. Je les trouve en rayon d'aide à la pâtisserie ou j'utilise un yaourt nature du commerce au début. Je me sers de pots en verre (récup' !) que je peux réutiliser sans fin.

LE PETIT +

Avant d'investir dans une yaourtière, je peux aussi tenter de faire mes yaourts à la cocotte-minute ou au four, au bain-marie.

AUTRES OBJETS ZÉRO DÉCHET

Il existe d'autres produits, qui sont des variantes des objets proposés dans les fiches précédentes mais qui répondront peut-être mieux à vos besoins.

Billes de céramique

Pour filtrer l'eau, outre le charbon, il existe des billes en céramique censées avoir des propriétés filtrantes. Je les mets directement dans ma carafe avant de la remplir avec l'eau du robinet. Je peux aussi les mettre dans ma bouilloire pour limiter la formation de tartre.

Filtre à thé ou théière

Pour faire infuser mon thé ou mes tisanes, j'ai déjà une boule à thé. Selon mes habitudes et besoins, je peux aussi opter pour un filtre spécialement fait pour les mugs. Il existe aussi des filtres en tissu, pratiques à glisser dans la valise lorsque l'on part en vacances ou en déplacement (pour emporter ma démarche zéro déchet partout avec moi). Bien sûr, je peux aussi utiliser une bonne vieille théière, si je consomme beaucoup de thé ou si nous sommes plusieurs à en boire à la maison.

Gourde « sport » ou bouchon « sport »

Ma gourde est ma nouvelle amie, je l'emmène partout. Pour le sport, je peux acheter une gourde « sport » ou simplement voir si la marque de ma gourde propose des bouchons « sport » adaptables à la gourde que j'ai déjà. Généralement, ce type de bouchon a un embout rabattable, qui permet de boire rapidement sans avoir besoin de le dévisser.

Lunch bag isotherme

Si je ne peux pas conserver mon repas du midi dans un frigo au bureau ou si mon enfant fait beaucoup de sorties pour lesquelles il faut prévoir un pique-nique, cela peut m'être utile d'avoir un petit lunch bag isotherme.
J'en trouve de très jolis, avec une poignée et une fermeture éclair ou un scratch.

Œufs de Pâques creux

Il existe des œufs creux, parfaits pour offrir des chocolats pour Pâques. Je peux acheter des chocolats en vrac, les mettre dans les œufs creux et cacher les œufs dans le jardin.
J'évite ainsi les emballages. La gourmandise, oui ; les déchets, non ! J'ai aussi quelques jolies boîtes à réutiliser pour offrir mes cadeaux et éviter le papier cadeau.

Rasoir coupe-choux

Le rasoir coupe-choux est une lame fixe qui vient se replier dans son manche. Je choisis le type et la forme de la lame suivant mes besoins. L'investissement de départ peut paraître important mais je le rentabilise vite car je n'ai pas besoin de racheter lames ou rasoirs. De plus, c'est un superbe outil.
Je dois aiguiser et polir mon rasoir afin d'éviter que la lame ne s'émousse. Cela demande un peu de temps, mais permet à cet objet d'être (presque) éternel !

OBJETS ZÉRO GASPILLAGE

Voici quelques objets pour m'aider à réduire le gaspillage, et notamment consommer moins d'eau et d'énergie chez moi.

Ampoules à faible consommation d'énergie

Lorsque j'ai besoin de changer mes ampoules, je fais attention à choisir des ampoules qui consomment peu d'énergie (basse consommation ou ampoules LED).

Appareils électriques à dynamo

Lorsque je dois changer ou acheter un appareil électrique, je regarde s'il existe à dynamo. C'est le cas pour les lampes de poche ou les balances de cuisine. Je dois juste tourner une molette pour créer l'énergie nécessaire à l'utilisation de l'appareil.

Marmite norvégienne

Pour réduire mes dépenses énergétiques dues à la cuisson des aliments, je peux utiliser quelques astuces simples. Le principe de la marmite norvégienne est facile à mettre en place : un peu avant la fin du temps de cuisson de mon plat, lorsque ma casserole est encore chaude, je l'enroule dans une couverture et la place dans une glacière (non refroidie, bien sûr). La protection isotherme de la glacière va permettre de finir de cuire mon plat sans énergie. Je peux aussi éteindre le four un peu avant la fin de la cuisson en laissant le plat finir de cuire à l'intérieur.

GLOSSAIRE

Anses : L'Agence nationale de sécurité sanitaire de l'alimentation, de l'environnement et du travail a pour mission principale d'évaluer les risques sanitaires dans les domaines de l'alimentation, de l'environnement et du travail.

Biodéchets : « Les biodéchets correspondent aux déchets organiques issus de ressources naturelles végétales ou animales. Ils sont constitués principalement des déchets de cuisine (épluchures de légumes et autres restes alimentaires) et des déchets verts du jardin (tailles de haie, tonte de gazon, feuilles mortes…). Les biodéchets ont la capacité de "pourrir", c'est pourquoi on les appelle également putrescibles ou fermentescibles. » (biodechets.org)

COV : « Les composés organiques volatils regroupent une multitude de substances, qui peuvent être d'origine biogénique (naturelle) ou anthropique (humaine). Les plus connus sont le butane, le toluène, l'éthanol (alcool à 90 °C), l'acétone et le benzène que l'on retrouve dans l'industrie, le plus souvent sous la forme de solvants organiques (par exemple, dans les peintures ou les encres). Les COV ont […] un effet direct en tant que substance toxique, jusqu'à des niveaux de gravité extrêmes justifiant une classification rigoureuse. Les COV les plus nocifs, comme le benzène, sont classés CMR (cancérogène, mutagène et reprotoxique). » (ademe.fr)

Économie circulaire : D'après le code de l'environnement (Article L110-1-1), l'économie circulaire repose sur trois grands principes : une consommation sobre et responsable des ressources, la réduction des déchets et la valorisation maximale des déchets en matières premières secondaires. Ce modèle s'oppose à celui de l'économie linéaire consistant, pour schématiser, à extraire des ressources, produire, consommer et jeter. Le terme économie circulaire perd un peu de son sens lorsqu'il est utilisé simplement comme synonyme de valorisation (ainsi, le recyclage est parfois présenté comme de l'économie circulaire).

GPL : Gaz de pétrole liquéfié, il s'agit d'un mélange d'hydrocarbures (majoritairement butane et propane) issu du raffinage du pétrole et de traitement du gaz naturel.

Empreinte carbone (ou indice carbone) : Calcul ou estimation des gaz à effet de serre émis par l'homme via l'utilisation d'un produit ou d'un service.

Microplastiques : Les microplastiques sont des éléments de taille inférieure à 5 mm. Ils peuvent être des fragments de plastiques plus grands. Ils peuvent aussi venir directement du secteur des cosmétiques (dentifrices ou exfoliants), du secteur vestimentaire (fibres synthétiques comme du polyester) ou de la pétrochimie (granulés plastiques industriels, abrasifs industriels).

Perturbateurs endocriniens : Molécules qui agissent sur l'équilibre hormonal et pouvant avoir des effets indésirables sur la santé (problèmes de croissance, de reproduction...). Par exemple, le Bisphénol A (BPA) est reconnu comme perturbateur endocrinien. Selon l'Anses, le Bisphénol B, utilisé en substitution du BPA « présente des propriétés endocriniennes similaires à celles du bisphénol A ».

PET : Le PET est un type de plastique que l'on retrouve dans les bouteilles de soda, dans bon nombre d'emballages alimentaires jetables, dans le rembourrage des peluches ou encore recyclé dans les vêtements dits « polaires ».

Station d'épuration : Installation industrielle qui permet de traiter et dépolluer les eaux usées.

Suremballage : Désigne un emballage supplémentaire ajouté à l'emballage premier d'un ou de plusieurs produits. Il mène à une surutilisation des ressources (souvent en plastique ou en carton) et est souvent considéré comme superflu.

LIRE

Les incontournables :

Le Scénario Zero Waste 2.0, association Zero Waste France, Rue de l'échiquier, 2017

Mon défi rien de neuf : Le guide pour consommer autrement, Emmanuelle Vibert, Rue de l'échiquier, 2019

Territoires Zero Waste, Flore Berlingen, Laura Chatel, Thibault Turchet, Rue de l'échiquier, 2019

Zéro Déchet : Mode d'emploi, Stéphanie Araud-Laporte, Marabout, 2017

La Famille zéro déchet, Ze guide, Bénédicte Moret et Jérémie Pichon, Thierry Souccar Éditions, 2016

Pour approfondir :

Les limites de la croissance, Dennis Meadows, Donella Meadows et Jørgen Randers, Rue de L'Échiquier, 2017

L'Âge des low tech, Philippe Bihouix, Le Seuil, 2014

Le bonheur était pour demain, Philippe Bihouix, Le Seuil, 2019

No Impact Man, Colin Beavan, Fleuve, 2010

Zéro déchet, Béa Johnson, J'ai lu, 2015

Le plus grand défi de l'histoire de l'humanité, Aurélien Barrau, Michel Lafon, 2019

Écotopia, Ernest Callenbach, Rue de l'échiquier, 2018

Famille en transition écologique, Bénédicte Moret et Jérémie Pichon, Thierry Souccar, 2019

Zéro plastique, on s'y met, Pauline Imbault, Hachette Pratique, 2019

Livres thématiques :

Mon aventure sans frigo, Marie Cochard, Eyrolles, 2017

Lombricompost facile, Lydia Bruckschet Jasper Rimbau, Terre vivante, 2018

Une mode éthique est-elle possible ?, Majdouline Sbai, Rue de l'échiquier, 2018

Réparer nos objets ensemble, Aude Raux et Marie-Noëlle Himbert, Actes Sud, 2017

Faire la fête sans détruire la planète, Emmanuelle Vibert, Actes Sud, 2017

Cousez vos objets du quotidien dans une démarche éco-responsable, Camille Binet-Dézert, Mango Green, 2015

Couture récup, coudre pour résister au grand gaspillage, Emmanuelle Vibert, Rue de l'échiquier, 2016

Permaculture en ville, Davy Cosson, Rustica Éditions, 2017

Recettes anti-gaspi, Audrey Le Goff, Hachette Pratique, 2017

Produits récup' : bicarbonate de soude, citron, vinaigre, chlorure de magnésium, savon noir & Co : [100 % écolo !], Caroline Bacon, Nathalie Cousin et Nathalie Semenuik, Rustica, 2018

Les z'enfants zéro déchet, Bénédicte Moret et Jérémie Pichon, Thierry Souccar, 2016

Les guides de Zero Waste France :

Mon campus zéro déchet, 2014

Mon commerçant Zéro déchet, 2015

Mon événement Zero Waste, 2015

Zéro Déchet au bureau, 2018

Les Héros du Zéro Déchet, 2019 (adressé aux enfants)

Mon événement sportif zéro déchet, 2019

DÉCOUVRIR ET AGIR

Zero Waste France : association qui défend la démarche zéro déchet, zéro gaspillage via le plaidoyer, l'information et l'outillage des acteurs de terrain. Retrouvez leurs actions et leurs outils sur le site www.zerowastefrance.org

Groupes locaux Zero Waste France : associations et collectifs rattachés à Zero Waste France et qui agissent à l'échelle locale. Retrouvez le plus proche de chez vous sur la page www.zerowastefrance.org/lassociation/groupes-locaux/

La Maison du Zéro Déchet : lieu à Paris dont le but est d'accompagner les personnes souhaitant passer au zéro déchet.
www.lamaisonduzerodechet.org

Défi rien de neuf : site et un défi pour découvrir les alternatives au neuf (achat d'occasion, réparation, mutualisation, emprunt, etc.).
www.riendeneuf.org

Réseau Vrac : réseau des acteurs économiques actuels et futurs (porteurs de projets) de la vente en vrac (produits non préemballés – sans emballages jetables).
www.reseauvrac.org

Réseau Consigne : réseau d'entraide des porteurs de projets, collectivités, professionnels et associations de la consigne en France.
www.reseauconsigne.com

Rejoué : association francilienne qui récupère des jouets, les valorise et les revend tout en accompagnant des personnes vers la réinsertion professionnelle.
www.rejoue.asso.fr

Repair Café : initiative dont l'objectif est d'accompagner bénévolement des particuliers dans la réparation de leur petit matériel abîmé. Des rencontres ont lieu à intervalles réguliers partout en France, en Belgique et en Suisse. Trouvez-en un ou organisez-en un près de chez vous grâce au site www.repaircafe.org

Réseau des ressourceries : région par région, la liste des ressourceries adhérentes du réseau.
www.ressourcerie.fr

Emmaüs : Les magasins Emmaüs permettent de faire vos courses solidaires près de chez vous. Ils sont ouverts à tous et permettent de trouver une très grande sélection d'objets de seconde main. Il existe également un site en ligne : www.label-emmaus.co. Rendez-vous sur la rubrique « Où donner, où acheter » pour trouver le membre du réseau Emmaüs le plus proche de chez vous.

Envie : réseau d'ateliers solidaires et de points de vente pour acheter de l'électroménager d'occasion avec garantie.
www.envie.org

Produits pour la vie : site ressources sur la réparation et le réemploi, avec un annuaire de la seconde vie des produits.
www.produitspourlavie.org

Produits durables : plateforme contributive pour identifier les produits qui tiennent le coup ou sont facilement réparables.
www.produitsdurables.fr

ouikit.org, elemen-terre.org, matelo-evenements.org : pour emprunter ou louer du matériel événementiel (gobelets, vaisselle et autres !) pour des événements zéro déchet.

REMERCIEMENTS

Merci aux équipes de Hachette et à Flore Berlingen de Zero Waste France de me faire confiance pour ce second livre. Merci Marie Naudet pour ta grande flexibilité lors de la rédaction de cet ouvrage.

J'adresse un grand merci à mes collègues de Zero Waste France pour leur aide. Merci Marine Foulon pour avoir partagé tes connaissances sur le non neuf lors d'une session de travail à la fois fun et efficace. Merci Laura Chatel et Louise Rieffel pour votre relecture (je suis sûre que vous ne le faites pas que pour que je vous paie un restaurant). Surtout, merci Thibault Turchet pour ton temps et ta grande rigueur ! Ce fut un plaisir de travailler avec toi sur ce livre.

Spéciale dédicace à Louise et Mélanie, qui ont rejoint la fabuleuse équipe de la Maison du Zéro Déchet cette année. C'est un bonheur de vous voir chaque jour <3

Enfin, merci beaucoup petit lecteur, petite lectrice d'être arrivé·e jusqu'ici. J'espère que ce livre aura pu t'inspirer pour chambouler un peu ton quotidien.

Comme dans beaucoup d'autres domaines, il est impossible d'imprimer un livre sans utiliser de plastique. Cependant, nous avons fait le maximum pour réduire son utilisation lors de la fabrication de cet ouvrage.

58, rue Jean Bleuzen – 92178 Vanves Cedex

Pour l'éditeur, le principe est d'utiliser des papiers composés de fibres naturelles, renouvelables, recyclables et fabriqués à partir de bois issus de forêts qui adoptent un système d'aménagement durable. En outre, l'éditeur attend de ses fournisseurs de papier qu'ils s'inscrivent dans une démarche de certification environnementale reconnue.

Direction : Catherine Saunier-Talec
Responsables éditoriales : Céline Le Lamer et Lisa Grall
Responsable de projet : Marie Naudet
Directeur artistique : Nicolas Beaujouan
Réalisation de la couverture : Nicolas Gallois
Mise en page : CGI
Fabrication : Amélie Latsch
Responsable partenariats : Sophie Morier (smorier@hachette-livre.fr)

Dépôt légal : janvier 2020
10-576-57/01
ISBN : 978-2-01-945295-7
Imprimé en Espagne par Graficas Estella en novembre 2019.

MIXTE
Papier issu de sources responsables
FSC® C009279
FSC www.fsc.org